N2 Kanji and Vocabulary for
The Japanese Language Proficiency Test

45日間で合格レベルへ！

N2 漢字 語彙

三修社

はじめに

【本書の目的】

　本書は日本語能力試験N２に出題される文字（漢字）と語彙をマスターすることを目的としています。日本語能力試験N２の合格を目指す方、N１合格の基礎固めをしたい方、中級レベルの漢字や語彙を習得したい方々に、独習用の教材として活用していただけます。日本語能力試験の問題は、純粋に漢字や語彙を問う問題ももちろんありますが、それだけでなく、文法、読解、聴解分野の設問を解くためにも必要な知識です。本書で漢字と語彙をしっかりとマスターし、実力をつけましょう。

【本書の特長】

◆文字や語彙に集中できる
　例文が文法的に難しい、あるいは漢字が難しくて学習が進められないという事態にならないように、例文では文法的に難しいものを避け、漢字はＮ５相当（旧４級）漢字以外のものにはすべて振り仮名をつけました。

◆Ｎ２の文字と語彙を計画的に学習できる
　Ｎ２の文字と語彙を９週間でマスターできるように整理し、効率よく覚えられるように配列しています。第１週１日目、第１週２日目、と学習計画が示されているので、それに沿い、文字と語彙を並行して学習を進めましょう。

◆確実なステップが踏める
　文字も語彙も１日分の学習項目のあとに、「確認テスト」を設けています。理解できているかどうか確認しながら学習を進めましょう。積み重ねが大切です。また巻末の文字と語彙のチェックリストで習得できているかどうか確認することもできます。

◆対訳の活用ができる
　スムーズな独習をサポートするために、語彙の例文には英語と中国語の翻訳がついています。

本書の使い方

◆全体の構成と使い方

　漢字のパートと語彙のパートから成っていて、漢字は１日２ページ、語彙は１日４ページで構成され、どちらも９週間で終了します。漢字は第１週から第４週までが基本編、第５週から第９週までが挑戦編になっています。基本編では確実に高得点が取れるよう学習してください。

◆漢字パートの構成（１日２ページ）

　習得すべき漢字と読み方（訓読みはひらがな、音読みはカタカナ）、その漢字を使った例文が書かれています。例文は特にＮ２レベルで必要な読み方やことばを中心に取り上げました。また１日分（約12漢字）の確認テストがあります。解答は翌日の下段に載っています。さらに、漢字の第４週５日目と第９週５日目はチャレンジ問題があります。

◆語彙パートの構成（１日４ページ）

　習得すべきことばと、そのことばを使った表現例、そして例文が書かれています。例文は英語と中国語訳がついています。そして１日分（約15語）の確認テストがあります。解答は翌日の確認テストのページ下段を見てください。

◆１日の学習の進め方

漢字と語彙それぞれ１日分の学習項目が示されています。漢字の第１週１日目の見開き左と右のページの12文字を学習したら、そのページの下段にある確認テストをやってみましょう。間違えた漢字はもう一度確認して、毎日の学習項目を確実なものにしてください。そして、語彙の第１週１日目の3ページ分の15のことばを学習したら、4ページ目の確認テストを実施します。漢字も語彙も確認テストをパーフェクトにして次に進むようにし、１日分の学習項目を確実に覚えていきましょう。１日のうち、漢字と語彙はどちらを先に学習しても構いません。

◆チェックリスト

巻末には漢字と語彙のチェックリストがあります。覚えたかどうかの確認や復習に役立てましょう。

目次　漢字

基本編

第1週　生活1・町
- 1日目 - 贈り物1/料理 ………………………… 12
- 2日目 - 引越し/雑誌 …………………………… 14
- 3日目 - 掃除/交通1 …………………………… 16
- 4日目 - 交通2/産業 …………………………… 18
- 5日目 - 銀行1/銀行2 ………………………… 20

第2週　文化・健康1
- 1日目 - 花1/ファッション …………………… 22
- 2日目 - 様子を表す言葉1/文化1 …………… 24
- 3日目 - 歴史/健康-1 …………………………… 26
- 4日目 - 体1/体2 ……………………………… 28
- 5日目 - 診察1/治療 …………………………… 30

第3週　仕事・会社
- 1日目 - ビジネスマン/労働 …………………… 32
- 2日目 - 採用/営業 ……………………………… 34
- 3日目 - 人事/経営 ……………………………… 36
- 4日目 - 販売/利益 ……………………………… 38
- 5日目 - 戦略/出版 ……………………………… 40

第4週　ドラマ・人間関係1
- 1日目 - サスペンス1/サスペンス2 ………… 42
- 2日目 - ロマンス1/ロマンス2 ……………… 44
- 3日目 - 仲間1/仲間2 ………………………… 46
- 4日目 - 敬語1/敬語2 ………………………… 48
- 5日目 - チャレンジ …………………………… 50

挑戦編

第5週 自然1・社会1
- 1日目 - 砂浜/水1 ……………………………………… 52
- 2日目 - 地球/災害1 …………………………………… 54
- 3日目 - 教育1/教育2 ………………………………… 56
- 4日目 - 法律/警察 ……………………………………… 58
- 5日目 - 政治1/攻撃 …………………………………… 60

第6週 生活2・働く
- 1日目 - 住宅1/住宅2 ………………………………… 62
- 2日目 - 贈り物2/調味料 ……………………………… 64
- 3日目 - 交通3/サラリーマン ………………………… 66
- 4日目 - コピー/様子を表す言葉2 …………………… 68
- 5日目 - 様子を表す言葉3/服装 ……………………… 70

第7週 自然2
- 1日目 - 花2/色 ………………………………………… 72
- 2日目 - 動物/水2 ……………………………………… 74
- 3日目 - 地質調査1/地質調査2 ……………………… 76
- 4日目 - 災害2/災害3 ………………………………… 78
- 5日目 - 気候/文化2 …………………………………… 80

第8週 健康2・人間関係2
- 1日目 - 健康2/健康3 ………………………………… 82
- 2日目 - 美容/出産 ……………………………………… 84
- 3日目 - 診察2/仲間3 ………………………………… 86
- 4日目 - サスペンス3/サスペンス4 ………………… 88
- 5日目 - 宴会1/宴会2 ………………………………… 90

第9週 社会2・地名
- 1日目 - 文化3/犯罪 …………………………………… 92
- 2日目 - 政治2/軍事1 ………………………………… 94
- 3日目 - 軍事2/地名1 ………………………………… 96
- 4日目 - 地名2/地名3 ………………………………… 98
- 5日目 - チャレンジ …………………………………… 100

目次　語彙

第1週
- 1日目 - 動詞　気持ち(1) ……………………………………… 104
- 2日目 - 動詞　気持ち(2) ……………………………………… 108
- 3日目 - 動詞　物の状態・動き(1) …………………………… 112
- 4日目 - 動詞　物の状態・動き(2) …………………………… 116
- 5日目 - 動詞　物の状態・動き(3) …………………………… 120

第2週
- 1日目 - 動詞　身体動作(1) …………………………………… 124
- 2日目 - 動詞　身体動作(2) …………………………………… 128
- 3日目 - 動詞　日常行為・他(1) ……………………………… 132
- 4日目 - 動詞　日常行為・他(2) ……………………………… 136
- 5日目 - 動詞　日常行為・他(3) ……………………………… 140

第3週
- 1日目 - 形容詞　性格 …………………………………………… 144
- 2日目 - 形容詞　状態・様子(1) ……………………………… 148
- 3日目 - 形容詞　状態・様子(2) ……………………………… 152
- 4日目 - 形容詞　感覚・気持ち(1) …………………………… 156
- 5日目 - 形容詞　感覚・気持ち(2) …………………………… 160

第4週
- 1日目 - 副詞的表現　時 ………………………………………… 164
- 2日目 - 副詞的表現　○○○り ………………………………… 168
- 3日目 - 副詞的表現　〜と／ー○ ……………………………… 172
- 4日目 - 副詞的表現　繰り返しの言葉 ………………………… 176
- 5日目 - 副詞的表現　その他 …………………………………… 180

第5週
- 1日目 - 名詞　人付合い ………………………………………… 184
- 2日目 - 名詞　身の回り ………………………………………… 188
- 3日目 - 名詞　抽象 ……………………………………………… 192
- 4日目 - 名詞　体・症状 ………………………………………… 196
- 5日目 - 名詞　感情・感覚 ……………………………………… 200

第6週
1. 日目 - 名詞　その他 ……………………………………… 204
2. 日目 - 接続表現や副詞 ……………………………………… 208
3. 日目 - カタカナ語　仕事・勉強 …………………………… 212
4. 日目 - カタカナ語　衣食住 ………………………………… 216
5. 日目 - カタカナ語　余暇 …………………………………… 220

第7週
1. 日目 - 漢語　意/引/応 ……………………………………… 224
2. 日目 - 漢語　加/過/価 ……………………………………… 228
3. 日目 - 漢語　解/確/活 ……………………………………… 232
4. 日目 - 漢語　間/感/観 ……………………………………… 236
5. 日目 - 漢語　期/気/記 ……………………………………… 240

第8週
1. 日目 - 漢語　実/重/成 ……………………………………… 244
2. 日目 - 漢語　想/続/達 ……………………………………… 248
3. 日目 - 漢語　適/配/発 ……………………………………… 252
4. 日目 - 漢語　明/面/目 ……………………………………… 256
5. 日目 - 漢語　役/用/要 ……………………………………… 260

第9週
1. 日目 - 接辞　接頭語 ………………………………………… 264
2. 日目 - 接辞　接尾語 ………………………………………… 268
3. 日目 - 複合動詞など　接頭 ………………………………… 272
4. 日目 - 複合動詞など　接尾(1) ……………………………… 276
5. 日目 - 複合動詞など　接尾(2) ……………………………… 280

● 漢字チェックリスト ………………………………………… 284
● 語彙チェックリスト ………………………………………… 288

漢字
かんじ

【基本編 … 第１章～第４章】
き ほんへん　　だい　しょう　だい　しょう

【挑戦編 … 第５章～第９章】
ちょうせんへん　だい　しょう　だい　しょう

生活1・町

第1週 1日目

贈り物1

配	くば-る ハイ	チケットを配る　気を配る 新聞を配達する　心配する　国を支配する　気配
届	とど-く　とど-ける	合格通知が届く　書類を届ける
渡	わた-る　わた-す　ト	海を渡る　お土産を渡す
券	ケン	乗車券　入場券で駅の構内に入る　定期券を買う 旅券を忘れた　株券　証券会社
招	まね-く　ショウ	自宅に招く　招き猫 結婚式に招待する　招待状
贈	おく-る　ゾウ　ソウ	花を贈る　クリスマスの贈り物

確認テスト

【問題Ⅰ】_____の言葉の読み方として適当なものをa〜dから一つ選びなさい。

1) 人の気配がしたので振り向いたが誰もいなかった。
　　a. きはい　　　b. きばい　　　c. けくばり　　　d. けはい

2) 白い服に色ものを混ぜて洗濯すると色が移ってしまう。
　　a. まぜて　　　b. あわせて　　c. かぜて　　　d. みぜて

3) この店のごはんは大盛りで食べごたえがある。
　　a. おおさかり　b. おおざかり　c. だいもり　　d. おおもり

(p.98・問題Ⅰの解答)　1) b　2) b　3) a

料理（りょうり）

漢字	読み	用例
含	ふく-む　ふく-める　ガン	消費税を含む　水を含む　彼を含めて十人
混	ま-じる　ま-ざる　ま-ぜる　コン	ゴミが混じる　色が混ざる　かき混ぜる　混雑する　混乱する　男女混合
溶	と-ける　と-かす　と-く　ヨウ	塩が溶ける　チームに溶け込む　洗剤を溶かす　卵を溶く　溶岩
汁	しる　ジュウ	服にラーメンの汁がついた　みそ汁　果汁100％
丼	どんぶり　どん	丼でごはんを食べる　天丼　カツ丼　うな丼
盛	も-る　さか-る　さか-ん　セイ　ジョウ	皿におかずを盛る　大盛り　育ち盛り　盛んな声援　盛大な結婚式

【問題Ⅱ】＿＿＿の言葉を漢字で書くとき、最もよいものをa～dから一つ選びなさい。

1) コンサートのチケットが、家にとどいた。
   a. 配いた　　　b. 届いた　　　c. 撒いた　　　d. 送いた

2) 申し訳ないのですが、招待けんのない方はご入場いただけません。
   a. 券　　　　　b. 権　　　　　c. 巻　　　　　d. 卷

3) 暑さでアスファルトがとける。
   a. 解ける　　　b. 止ける　　　c. 説ける　　　d. 溶ける

(p.99・問題Ⅱの解答)　1) a　2) d　3) b

第1週 2日目 生活1・町

引越し（ひっこし）

漢字	読み	用例
契	ちぎ-る / ケイ	義兄弟の契り　契約をする　契約書にサインをする 進学を契機にテニス部に入った
越	こ-す　こ-える / エツ	年を越す　海外へ引っ越す　乗り越す 国境を越える
賃	チン	家賃を払う　バスの運賃が高い　賃金を支払う 賃貸マンション
仮	かり / カ　ケ	仮の住まい　仮免許 仮名　仮定する　仮説をたてる　仮病
証	ショウ	無実を証明する　裁判所で証言する　保証人 身分証明書　免許証
域	イキ	地域住民　立ち入り禁止区域　自国の領域 川の流域

確認テスト

【問題Ｉ】_____の言葉の読み方として適当なものをａ〜ｄから一つ選びなさい。

1）マンション賃貸の契約書にサインした。
  a．けいやくしょ b．ていやくしょ c．げいやくしょ d．でいやくしょ

2）アパートを借りる時は、家賃の他に敷金と礼金が必要だ。
  a．やてい b．やちん c．かちん d．かてい

3）混雑する車両にはなるべく乗りたくない。
  a．こんさつ b．こんぞう c．こんざつ d．こんそう

(p.12・問題Ｉの解答)　1) d　2) a　3) d

雑誌
ざっし

雑	ザツ ゾウ	雑誌　雑音が聞こえる　複雑な関係 電車が混雑する
誌	シ	ゲーム雑誌　週刊誌　月刊誌
刊	カン	新聞の朝刊　夕刊　週刊　月刊
並	なら-ぶ　なら-べる なら-びに　なみ ヘイ	一列に並ぶ　トランプを並べる　並木 人並みに稼ぐ
巻	ま-く　まき カン	腕に包帯を巻く 小説の上巻と下巻
著	あらわ-す　いちじる-しい チョ	伝記を著す　著しい上達 先生の著書　本の著者

【問題Ⅱ】_____の言葉を漢字で書くとき、最もよいものをa〜dから一つ選びなさい。

1) 大学に入学する時に日本人の<u>ほしょうにん</u>は不要である。
   a. 保障人　　　b. 補償人　　　c. 保証人　　　d. 保償人

2) この町の魅力は、通りの<u>なみき</u>の美しさだ。
   a. 波木　　　b. 植木　　　c. 鉢木　　　d. 並木

3) この本の<u>ちょしゃ</u>は、まだ25歳のジャーナリストだそうだ。
   a. 著者　　　b. 箸者　　　c. 籍者　　　d. 奢者

(p.13・問題Ⅱの解答)　1) b　2) a　3) d

第1週 3日目 生活1・町

掃除(そうじ)

居	い-る キョ	居間でテレビを見る　居留守を使う　芝居 居酒屋　住居　親と同居する　皇居
庭	にわ テイ	庭に花を植える　校庭　日本庭園 明るい家庭を築く
清	きよ-い　きよ-まる　きよ-める セイ　ショウ	清い流れ　作文を清書する　教室を清掃する 清潔にする
掃	は-く ソウ	落ち葉を掃く　部屋を掃除する　教室の清掃をする 暴力団を一掃する
整	ととの-える　ととの-う セイ	本棚をきれいに整える　準備が整う 引き出しの中を整理する　整理整頓
汚	よご-す　よご-れる　きたな-い けが-す　けが-れる　けが-らわしい オ	セーターを汚す　カーペットが汚れる　汚い手 大気汚染

確認テスト

【問題Ⅰ】_____の言葉の読み方として適当なものをa～dから一つ選びなさい。

1) 毎週日曜日に公園清掃のボランティアをしている。
　　a. さいそう　　b. そうじ　　c. せいそう　　d. きよそう

2) 大都市で大気汚染が深刻な問題になっている。
　　a. おしょく　　b. おうせん　　c. おせん　　d. よせん

3) 私が家を出た途端に、ものすごい雨が降ってきた。
　　a. ずたん　　b. とうたん　　c. とはし　　d. とたん

(p.14・問題Ⅰの解答)　1) a　2) b　3) c

交通 1
こうつう

漢字	読み	例
駐	チュウ	アパートの前に駐車する　駐車場
輪	わ リン	輪になって座る　輪ゴム　指輪　犬の首輪　車輪
港	みなと コウ	港に船が泊まる　港町　関西空港　横浜港
到	トウ	目的地に到着する
途	ト	途中でやめる　外へ出た途端に雨が降る 用途が広い　中途
過	す-ぎる　す-ごす あやま-つ　あやま-ち カ	時間が過ぎる　10時過ぎ　夏を過ごす 過去　過半数　駅を通過する

【問題Ⅱ】＿＿＿の言葉を漢字で書くとき、最もよいものをa〜dから一つ選びなさい。

1) 押し入れをせいりしていたら、古いアルバムが出てきた。
   a. 整里　　　b. 制里　　　c. 生理　　　d. 整理

2) こちらは通路につきちゅうりん禁止です。
   a. 註輪　　　b. 駐輪　　　c. 泊輪　　　d. 注輪

3) みなとが見えるレストランで食事をした。
   a. 兵　　　　b. 浜　　　　c. 巷　　　　d. 港

(p.15・問題Ⅱの解答)　1) c　2) d　3) a

第1週 4日目 生活1・町

交通2

符	フ	電車の切符　符号で表す
停	テイ	停車　バスの停留所　各駅停車　心臓が停止する 業務が停滞する　停学　停戦　停電
標	ヒョウ	目標を定める　標準　道路標識　昆虫の標本 交通安全の標語
普	フ	普通の家庭に育つ　普通高校　普段着 DVDが普及する
刻	きざ-む コク	キャベツを刻む　心に刻む 時刻　遅刻する　深刻な話
違	ちが-う　ちが-える イ	意味が違う　道を間違える　間違い　AとBの違い 勘違いする　スピード違反

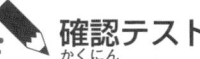
確認テスト

【問題Ⅰ】_____の言葉の読み方として適当なものをa〜dから一つ選びなさい。

1）たまには各駅停車に乗ってのんびり出かけてみたい。
　　a. ていしゃ　　b. てんしゃ　　c. ていしょ　　d. ていし

2）お互いの意見の相違で、契約の話はなくなってしまった。
　　a. あいい　　　b. そうい　　　c. そい　　　　d. しょうい

3）祖父は若いときに漁師をやっていたそうだ。
　　a. りゅうし　　b. りょうし　　c. ぎょうし　　d. りょし

(p.16・問題Ⅰの解答)　1) c　2) c　3) d

産業(さんぎょう)

漁	ギョ　リョウ	漁業(ぎょぎょう)　漁師(りょうし)
輸	ユ	石油(せきゆ)を輸入(ゆにゅう)する　輸出(ゆしゅつ)　輸血用(ゆけつよう)の血液(けつえき) 大型船(おおがたせん)で輸送(ゆそう)する
製	セイ	製作(せいさく)する　製造(せいぞう)する　製品(せいひん)　イタリア製(せい)のバッグ
郵	ユウ	プレゼントを郵送(ゆうそう)する　郵便(ゆうびん)が届(とど)く　郵便局(ゆうびんきょく) 郵便貯金(ゆうびんちょきん)
航	コウ	航空会社(こうくう)　航空機(こうくうき)
融	ユウ	金融機関(きんゆうきかん)　銀行(ぎんこう)から融資(ゆうし)を受ける　融合(ゆうごう) 氷(こおり)の融点(ゆうてん)　融通(ゆうずう)がきかない人

【問題Ⅱ】　_____の言葉を漢字で書くとき、最もよいものをa〜dから一つ選びなさい。

1) 地球(ちきゅう)にやさしいエコカーが急速(きゅうそく)にふきゅうしている。
　　a. 布及　　　b. 布久　　　c. 普及　　　d. 晋久

2) 学校を卒業(そつぎょう)したら、ゆしゅつ業(ぎょう)につきたいと思っている。
　　a. 輸出　　　b. 輪出　　　c. 喩出　　　d. 倫出

3) このごろのゆうびん局(きょく)は銀行(ぎんこう)とかわらない業務(ぎょうむ)を行う。
　　a. 重便　　　b. 郵更　　　c. 垂便　　　d. 郵便

(p.17・問題Ⅱの解答)　1) d　2) b　3) d

生活1・町

第1週 5日目

銀行1
ぎんこう

戻	もど-る　もど-す　レイ	代金を払い戻す　本を棚に戻す　会社に戻る
換	か-わる　か-える　カン	気分を換える　電車を乗り換える 部屋を換気する　プレゼントを交換する
払	はら-う　フツ	入場料を払う　支払いをする　自動支払機
込	こ-む　こ-める	道が込んでいる　お金を払い込む　思い込む 人込み　愛を込める
両	リョウ	両替する　両側　両親　両手　両方
替	か-わる　か-える　タイ	バッグを取り替える　スーツに着替える　着替え 両替　交替する　為替レート

確認テスト
かくにん

【問題Ⅰ】_____の言葉の読み方として適当なものをa～dから一つ選びなさい。

1）ずっと暖房を使っているから、ちょっと教室の換気をしましょう。
　　a. かんけ　　　　b. かんき　　　　c. こうけ　　　　d. こうき

2）国から送金してもらっているので、為替レートがとても気になる。
　　a. かわせ　　　　b. いわせ　　　　c. いたい　　　　d. ぎたい

3）姉は活動的でおしゃべり、妹は大人しい。本当に対照的な姉妹だ。
　　a. たいしょうてき　b. たいしゃうてき　c. たいしゃてき　d. たいしょてき

(p.18・問題Ⅰの解答)　1) a　2) b　3) b

基本編

銀行2
ぎんこう

漢字	読み	例
照	て-る　て-らす　て-れる　ショウ	日が照る　足元を照らす　対照する　対照的な姉妹
預	あず-かる　あず-ける　ヨ	近所の子供を預かる　銀行にお金を預ける
札	ふだ　サツ	名札を付ける　千円札　札束　駅の改札口　玄関の表札
貨	カ	貨幣　硬貨　通貨　外貨　金貨　貨物列車　雑貨　百貨店
帳	チョウ	手帳に予定を書く　銀行の通帳　記帳する　帳簿をつける　借金を帳消しにする
振	ふ-る　ふ-れる　ふ-るう　シン	手を振る　恋人に振られる　振り込み　口座振替　針が振れる　腕を振るう　経営不振　振動

【問題Ⅱ】＿＿＿の言葉を漢字で書くとき、最もよいものをa〜dから一つ選びなさい。

1) 彼女は僕がふられたのだと<u>おもいこんで</u>いるらしい。
   a. 思い混んで　　b. 思い昆んで　　c. 思い入んで　　d. 思い込んで

2) 銀行にお金を<u>あずけ</u>に行ったが、すごい行列だったのであきらめた。
   a. 貯けに　　　b. 預けに　　　c. 賄けに　　　d. 振けに

3) 毎年1月になると新しい黒の<u>てちょう</u>を買う。
   a. 手走　　　　b. 手帳　　　　c. 手長　　　　d. 手丁

(p.19・問題Ⅱの解答)　1) c　2) a　3) d

文化・健康1

花1

桜	さくら オウ	桜が満開だ　夜桜　桜前線　桜エビ　桜桃
梅	うめ バイ	梅の花が咲いている　梅干し　梅酒　梅雨前線 梅雨　いい塩梅だ
松	まつ ショウ	大きい松の木　松ぼっくり　門松　松竹梅
杉	すぎ	杉の木　屋久島の縄文杉　杉の花粉
美	うつく-しい ヒ	美しい街　美しい友情　美術館　美容院　美人
香	かお-る　かお-り　か コウ　キョウ	風が香る　花の香りがする　香水

確認テスト

【問題Ⅰ】＿＿＿の言葉の読み方として適当なものをa～dから一つ選びなさい。

1）面接の時は、<u>姿勢</u>をよくして、しっかり前を見ること。
　　a. しそう　　　　b. しせん　　　　c. しせい　　　　d. しぜい

2）祖父は80歳にもかかわらず、体がとても<u>柔らかい</u>。
　　a. なめらかい　　b. じゅうらかい　c. おおらかい　　d. やわらかい

3）このお菓子は<u>軟らかい</u>ので、お年寄りでも食べやすい。
　　a. やわらかい　　b. やらかい　　　c. なめらかい　　d. すべらかい

(p.20・問題Ⅰの解答)　1) b　2) a　3) a

ファッション

漢字	読み	用例
脱	ぬ-げる ぬ-ぐ ダツ	靴が脱げる　服を脱ぐ　脱衣所（だついじょ）　離脱（りだつ）　脱税（だつぜい）　脱線（だっせん）　脱退（だったい）　危機を脱する（きき）
掛	か-かる か-ける かかり	絵を掛ける　エンジンを掛ける　掛け算（かさん）
姿	すがた シ	後ろ姿が美しい女性（じょせい）　着物姿（きものすがた）　将来の日本の姿を考える　容姿（ようし）
勢	いきお-い セイ	チームに勢いがある　姿勢がいい（しせい）　大勢集まる（おおぜいあつ）
柔	やわ-らか やわ-らかい ジュウ ニュウ	柔らかな髪（やわかみ）　頭が柔らかい（あたまやわ）　柔道部に入る（じゅうどうぶ）
軟	やわ-らか やわ-らかい ナン	軟らかな文章（やわぶんしょう）　軟らかいお菓子（やわかし）　軟式テニス（なんしき）

【問題Ⅱ】＿＿＿＿の言葉（ことば）を漢字（かんじ）で書くとき、最（もっと）もよいものをa～dから一つ（ひと）選（えら）びなさい。

1) 今年も<u>さくら</u>前線（ぜんせん）のニュースが始（はじ）まった。
　　a. 桜　　　　　　b. 梅　　　　　　c. 松　　　　　　d. 杉

2) 日本代表選手（だいひょうせんしゅ）の<u>うつくしい</u>フィギュアスケートは、国民（こくみん）の感動（かんどう）を呼んだ。
　　a. 羊しい　　　　b. 羨しい　　　　c. 美しい　　　　d. 差しい

3) 玄関（げんかん）で靴（くつ）を<u>ぬい</u>だら、きちんとそろえなさい。
　　a. 脱いだ　　　　b. 悦いだ　　　　c. 抜いだ　　　　d. 党いだ

(p.21・問題Ⅱの解答)　1) d　2) b　3) b

文化・健康1

様子を表す言葉1

漢字	読み	例
固	かた-まる　かた-める　かた-い　コ	コンクリートが固まる　方針を固める　頭が固い　固体　固定する
純	ジュン	純粋な気持ち　純情な人　単純な考え　純金
快	こころよ-い　カイ	今日は快晴だ　快適な生活　愉快な仲間
甘	あま-える　あま-やかす　あま-い　カン	子供を甘やかす　甘いお菓子　甘口のカレー
濃	こ-い　ノウ	霧が濃い　濃い味　濃度が高い
薄	うす-める　うす-まる　うす-らぐ　うす-れる　うす-い　ハク	お湯で薄める　薄いパン　薄暗い部屋

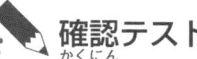

確認テスト

【問題Ⅰ】_____の言葉の読み方として適当なものをa～dから一つ選びなさい。

1) 田中部長のびっくりした顔は<u>愉快</u>だった。
   a. けいかい　　　b. ゆけい　　　c. ゆかい　　　d. ゆうかい

2) 疲れた時は<u>甘い</u>ものが食べたくなる。
   a. あまい　　　b. からい　　　c. にがい　　　d. あばい

3) あの二人は親子だが、まるで他人のように<u>振舞って</u>いる。
   a. ふりまって　　b. ふるいまって　c. ふるまって　d. ふるまいって

(p22・問題Ⅰの解答) 1) c　2) d　3) a

文化 1

漢字	読み	例
劇	ゲキ	劇 劇場 劇団 演劇 人形劇 悲劇
舞	まーう まい ブ	風に舞う 振舞う 友人を見舞う お見舞い 舞台
堂	ドウ	食堂 寺の本堂 講堂で卒業式を行う オペラの殿堂 国会議事堂 堂々とした態度
展	テン	作品を展示する 絵画展 町が発展する 話の展開 捜査が進展する
宗	シュウ ソウ	宗教を信仰する 宗派 改宗する 茶道の宗家
恵	めぐ-む ケイ エ	お金を恵む 恵まれた生活 恩恵を受ける 生活の知恵

【問題Ⅱ】＿＿＿の言葉を漢字で書くとき、最もよいものをa～dから一つ選びなさい。

1) スープが塩辛かったので、お湯で<u>うすめた</u>。
   a. 簿めた　　　b. 薄めた　　　c. 博めた　　　d. 蒲めた

2) 大学生になったら、<u>えんげき</u>サークルに入りたいと思っている。
   a. 演劇　　　b. 宴劇　　　c. 演芸　　　d. 演技

3) 生活の<u>ちえ</u>は一人暮らしで身につけた。
   a. 智恵　　　b. 知識　　　c. 知恵　　　d. 智絵

(p.23・問題Ⅱの解答) 1) a 2) c 3) a

文化・健康1

歴史

宝	たから ホウ	宝物　子宝に恵まれる　宝くじ　宝船　国宝 宝石　先祖代々の家宝
城	しろ ジョウ	城を築く　大阪城　城壁　城下町　宮城県
栄	さか-える　は-える は-え エイ	しっかり栄養を取る 都市が栄える
蔵	くら ゾウ	庭に蔵がある　米を貯蔵する　冷蔵庫 図書館の蔵書
昭	ショウ	明治・大正・昭和・平成　昭和50年生まれ
士	シ	江戸時代の武士　栄養士　建築士　介護士

確認テスト

【問題Ⅰ】＿＿＿の言葉の読み方として適当なものをa～dから一つ選びなさい。

1) 宝くじで一億円あたった。
　　a. たから　　　b. だから　　　c. たら　　　d. たからもの

2) 東京オリンピックは昭和39年のことだった。
　　a. しょうわ　　b. あきわ　　　c. じゅうわ　　d. じうわ

3) 毎年夏に健康診断を受けて、体調管理をしている。
　　a. けんこう　　b. けんごう　　c. げんこう　　d. げんごう

(p.24・問題Ⅰの解答)　1) c　2) a　3) c

健康 1
けんこう

健	すこ-やか ケン	健やかに育つ　保健室　健在　健全な考え 健闘をたたえる
康	コウ	健康的な生活を送る　健康保険　健康美
診	み-る シン	医者に診てもらう　健康診断　定期健診　診察室 初診　休診　意向を打診する
療	リョウ	最新の医療　病気を治療する
命	いのち メイ　ミョウ	命を授かる　命を落とす　命の洗濯　生命　命名 運命　的に命中する　命令　命日　平均寿命
異	こと イ	異なる考え　異にする　身体に異変を感じる 異常気象　異国の地　異性　体の異状

【問題Ⅱ】＿＿＿の言葉を漢字で書くとき、最もよいものをa〜dから一つ選びなさい。

1) 夫が胃が痛いと言うので、早く医者にみてもらうように促した。
　　a. 看て　　　b. 診て　　　c. 見て　　　d. 観て

2) いりょう機関が近くにないので、車で２時間の病院へ行かなければならない。
　　a. 医寮　　　b. 医料　　　c. 医療　　　d. 医病

3) 森の中を歩いていのちの洗濯をした。
　　a. 命　　　　b. 令　　　　c. 会　　　　d. 合

(p.25・問題Ⅱの解答)　1) b　2) a　3) c

文化・健康1

第2週 4日目

体1

漢字	読み	用例
背	せ　せい　そむ-く　そむ-ける　ハイ	背中　背広を着る　荷物を背負う　背が高い　目を背ける　背後
腹	はら　フク	腹が痛い　腹が立つ　腹痛で休む
肩	かた　ケン	肩が広い　肩を並べる　会社の肩書き
腕	うで　ワン	腕が痛い　腕のいい職人　腕を組む
胸	むね　むな　キョウ	胸が痛む　胸の内　胸がふくらむ
腰	こし　ヨウ	腰が痛い　いすに腰掛ける　腰掛け　腰痛

確認テスト

【問題Ⅰ】＿＿＿の言葉の読み方として適当なものをa～dから一つ選びなさい。

1) テストが終わって安心したら、急に空腹を感じた。
　　a. そらふく　　　b. くうぷく　　　c. はらぺこ　　　d. くうふく

2) ずっといすに座って仕事をしていると、腰が痛くなる。
　　a. こし　　　　　b. うで　　　　　c. あし　　　　　d. しり

3) 転んで骨折してしまった。
　　a. こっせつ　　　b. こつせつ　　　c. ごっせつ　　　d. ごうせき

(p.26・問題Ⅰの解答) 1) a　2) a　3) a

体2
からだ

漢字	読み	例
脳	ノウ	優れた頭脳　各国の首脳
臓	ゾウ	心臓　内臓を検査する
胃	イ	胃の検査　胃痛がひどい　胃腸薬　胃袋　胃炎　胃がん
筋	すじ　キン	足の筋を痛める　背筋を伸ばす　筋道を立てて話す　血筋　腹筋　筋肉をきたえる　鉄筋
骨	ほね　コツ	魚の骨を取る　背骨　骨の折れる仕事　足を骨折する　接骨院
節	ふし　セツ　セチ	人生の節目　関節が痛い　節分　季節　節約　温度調節　お節介をやく　お節

【問題Ⅱ】＿＿＿の言葉を漢字で書くとき、最もよいものをa〜dから一つ選びなさい。

1) ランチを食べてみれば、その店の料理人のうでがわかる。
　　a. 技　　　b. 術　　　c. 碗　　　d. 腕

2) しんぞうに痛みを感じて、医者に診てもらった。
　　a. 心臓　　b. 心蔵　　c. 心象　　d. 心像

3) いの調子がわるくて病院で検査を受けた。
　　a. 胃　　　b. 男　　　c. 畳　　　d. 貝

(p.27・問題Ⅱの解答) 1) b　2) c　3) a

文化・健康1

第2週 5日目

診察1
しんさつ

症	ショウ	重症　軽症　炎症を起こす　けがの後遺症 じゅうしょう　けいしょう　えんしょう　お　こういしょう 症候群 しょうこうぐん
状	ジョウ	状態が悪い　病気の症状　現状を維持する じょうたい　わる　びょうき　しょうじょう　げんじょう　いじ 招待状 しょうたいじょう
因	よ-る イン	居眠りに因る交通事故　原因不明　失敗の要因 いねむ　よ　こうつうじこ　げんいんふめい　しっぱい　よういん
況	キョウ	状況が一変する　近況を報告する じょうきょう　いっぺん　きんきょう　ほうこく スポーツの実況中継 じっきょうちゅうけい
態	タイ	態度が悪い　緊急事態　容態が急変する たいど　わる　きんきゅうじたい　ようだい　きゅうへん 植物の生態調査　受入れ態勢を整える しょくぶつ　せいたいちょうさ　うけい　たいせい　ととの
圧	アツ	布団を圧縮する　気圧が低い　血圧を測る ふとん　あっしゅく　きあつ　ひく　けつあつ　はか

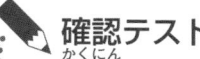

確認テスト
かくにん

【問題Ⅰ】 ＿＿＿＿の言葉の読み方として適当なものをa～dから一つ選びなさい。

1) 飲酒運転に<u>因る</u>交通事故が社会問題になっている。
   a. ある　　　　　b. よる　　　　　c. しる　　　　　d. いる

2) アンケートの集計はパソコンで<u>処理</u>している。
   a. じょり　　　　b. ちょり　　　　c. しょり　　　　d. ちり

3) 作品に手を<u>触れない</u>でください。
   a. さわれないで　b. ふれないで　　c. くれないで　　d. なれないで

30　　　　　　　　　　　　　　　　（p.28・問題Ⅰの解答）1) d　2) a　3) a

治療（ちりょう）

漢字	読み	例
傷	いた-む　いた-める　きず　ショウ	腕に傷がある　果物が傷む　負傷する　重傷　傷害事件　他人を中傷する
処	ショ	応急処置をとる　古い家具を処分する　苦情を処理する　対処
触	さわ-る　ふ-れる　ショク	絵に触る　ボタンに触れる　手に触れる　話に触れる
針	はり　シン	針と糸　時計の針が止まる　注射針　針金　長針と短針　方針　指針
抜	ぬ-ける　ぬ-かる　ぬ-く　ぬ-かす　バツ	空気が抜ける　草を抜く　食事を抜く　マラソンで5人抜く　抜歯
完	カン	ビルが完成する　完全　不完全なプラン

【問題Ⅱ】_____の言葉を漢字で書くとき、最もよいものをa～dから一つ選びなさい。

1) 大学時代の友達から結婚式の<u>しょうたいじょう</u>が届いた。
   a. 招待状　　　　b. 紹待状　　　　c. 召待状　　　　d. 昭待状

2) 布団を袋に入れ、空気を抜いて<u>あっしゅく</u>する。
   a. 厚縮　　　　　b. 圧宿　　　　　c. 圧拭　　　　　d. 圧縮

3) マラソンで前のランナーを5人も<u>ぬいた</u>。
   a. 追いた　　　　b. 欠いた　　　　c. 群いた　　　　d. 抜いた

(p.29・問題Ⅱの解答)　1) d　2) a　3) a

第3週 1日目 仕事・会社

ビジネスマン

漢字	読み	例
忙	いそが-しい / ボウ	アルバイトが忙しい　忙しい生活　多忙
疲	つか-れる / ヒ	仕事で疲れる　歩きすぎて足が疲れる　疲労がたまる　疲労回復
慣	な-れる　な-らす / カン	仕事に慣れる　見慣れた光景　日本の習慣
競	きそ-う　せ-る / キョウ　ケイ	ライバルと成績を競う　ゴール直前まで競る　競争　競技　競馬
養	やしな-う / ヨウ	働いて家族を養う　体力を養う　休養　栄養　養殖　養育　教師を養成する
兼	か-ねる / ケン	サラリーマンと農家を兼ねる　兼業　兼任　男女兼用

確認テスト

【問題Ⅰ】＿＿＿の言葉の読み方として適当なものをa～dから一つ選びなさい。

1) 栄養ドリンクを何本も飲んで徹夜を乗り切った。
   a. えいよう　　b. えいどう　　c. えいやう　　d. えいおう

2) 細田さんは本社の人事課に勤務している。
   a. じんじか　　b. じんじぶ　　c. じんじが　　d. じんじふ

3) クラスメイトと平和について論じた。
   a. しんじた　　b. おうじた　　c. そうじた　　d. ろんじた

(p.30・問題Ⅰの解答)　1)b　2)c　3) b

月 日 ／6

労働
ろうどう

漢字	読み	用例
就	つ-く　つ-ける シュウ　ジュ	仕事に就く　弁護士を就ける　就職活動 就業規則を守る　社長に就任する　成就
従	したが-う　したが-える ジュウ　ショウ　ジュ	上司の指示に従う　部下を従える 長年医療に従事した　従順　主従関係　従容
応	こた-える オウ	期待に応える　来客に対応する　応援　応用問題 取材の対応　反応が鈍い
訪	おとず-れる　たず-ねる ホウ	友人の家を訪ねる　京都を訪ねる　訪問者
課	カ	人事課の課長　10パーセント課税される 教育課程に進む　日課
論	ロン	政治を論じる　論文を書く　論争する　結論を出す 議論する　概論

【問題Ⅱ】_____の言葉を漢字で書くとき、最もよいものをa～dから一つ選びなさい。

1) <u>いそがしい</u>毎日で、なかなか休みがとれない。
   a. 忙しい　　　b. 亡しい　　　c. 美しい　　　d. 急しい

2) パソコンの画面を見て仕事していると目が<u>つかれる</u>。
   a. 病れる　　　b. 疲れる　　　c. 療れる　　　d. 柄れる

3) 電話で問い合わせに<u>おうじた</u>。
   a. 王じた　　　b. 追じた　　　c. 応じた　　　d. 貢じた

(p.31・問題Ⅱの解答)　1) a　2) d　3) d

第3週 2日目 仕事・会社

採用（さいよう）

採	と-る サイ	アルバイトを採る　テストを採点する
募	つの-る ボ	アルバイトを募集する　募金する　募金活動 コンテストに応募する
雇	やと-う コ	コックを雇う　臨時で雇われる 雇用
適	テキ	環境に適応する　適職に就く　適性を調べる 適切な指示を出す　適齢期　適度な運動
般	ハン	一般の人々　一般的な意見　スポーツ全般
総	ソウ	意見を総合する　総合職　総合病院　総称 総務部　総力をあげて取り組む

確認テスト

【問題Ⅰ】＿＿＿の言葉の読み方として適当なものをa～dから一つ選びなさい。

1) この会社では正社員を募集している。
 a. あつめ　　　b. まくしゅう　　　c. おうぼ　　　d. ぼしゅう

2) 社員になりたかったが、今はアルバイトとして雇われている。
 a. やとわれて　　b. いとわれて　　c. したわれて　　d. こわれて

3) 一人っ子とはいっても、いつまでも親に頼るわけにはいかない。
 a. かかる　　　b. はかる　　　c. たかる　　　d. たよる

(p.32・問題Ⅰの解答)　1) a　2) a　3) d

基本編

営業
えいぎょう

企	くわだ-てる キ	金もうけを企てる　新しい企画を考える 有名企業
案	アン	具体的な案を考える　店内を案内する 新規プランを提案する　発案者　名案
依	イ　エ	仕事を依頼する
頼	たの-む　たの-もしい たよ-る ライ	配達を頼む　頼もしい人　親に頼る　頼りない彼 先生を信頼する
比	くら-べる ヒ	大きさを比べる　背比べ　二人を比較する 比較的暖かい
較	カク	二つの案を比較する　比較的やさしい問題

【問題Ⅱ】＿＿＿の言葉を漢字で書くとき、最もよいものをa〜dから一つ選びなさい。

1) 今日面接にくる30人の中から、正社員を一人<u>とる</u>計画だ。
　　a. 採る　　　　b. 取る　　　　c. 就る　　　　d. 募る

2) 社員の意見を聞いて<u>そうごうてき</u>に判断した。
　　a. 相合的　　　b. 送合的　　　c. 窓合的　　　d. 総合的

3) 部長にセミナーの<u>きかく</u>を提案した。
　　a. 規画　　　　b. 比画　　　　c. 企画　　　　d. 寄画

(p.33・問題Ⅱの解答)　1) a　2) b　3) c

第3週 3日目 仕事・会社

人事

評	ヒョウ	評判のいいレストラン　新作映画について評論する 書評を書く　総評を述べる
価	あたい カ	商品に適正な価をつける　勉強の成果を評価する 価値　価格　定価　物価が高い
改	あらた-める　あらた-まる カイ	考えを改める　改めて訪ねる　法を改正する 改善する　改造する　改札
善	よ-い ゼン	善い行い　善良な市民　善意で協力する 待遇を改善する　親善試合　偽善者
勤	つと-める　つと-まる キン　ゴン	広告会社に勤める　勤め先　出勤する 通勤ラッシュ
務	つと-める　つと-まる ム	社長を務める　義務を果たす　大阪支社に勤務する 公務員　事務所

確認テスト

【問題Ⅰ】＿＿＿の言葉の読み方として適当なものをa～dから一つ選びなさい。

1) 自分の欠点を<u>改める</u>のは、そんなに容易なことではない。
   a. あらためる　　b. いためる　　c. すぼめる　　d. しずめる

2) 田中さんが風邪をひいて、私が会議の司会を<u>務める</u>ことになった。
   a. むめる　　b. きわめる　　c. つとめる　　d. やめる

3) ここでは、四季それぞれの美しい<u>景色</u>が楽しめる。
   a. けしょう　　b. けいしき　　c. けいしょく　　d. けしき

(p.34・問題Ⅰの解答)　1) d　2) a　3) d

経営（けいえい）

漢字	読み	例
営	いとな-む / エイ	24時間営業　カフェを経営する　共同経営
景	ケイ	景気がいい　風景画　恐ろしい光景　美しい景色
資	シ	資料を集める　会社の資本　天然資源
益	エキ　ヤク	利益を出す　収益をあげる　有益な時間を過ごす　ご利益
株	かぶ	切り株　株式会社　株券を発行する　株主総会　株価　株でもうける　株が上がる
債	サイ	負債を抱える　国債を発行する　債務

【問題Ⅱ】＿＿＿の言葉を漢字で書くとき、最もよいものをa～dから一つ選びなさい。

1) 人事査定はひょうか基準を明確に示すことが大切だ。
   a. 評西　　　b. 表価　　　c. 評価　　　d. 表西

2) 父は脱サラして、今は民宿をいとなんでいる。
   a. 営んで　　b. 務んで　　c. 経んで　　d. 業んで

3) 彼はかぶしき投資だけで生計をたてている。
   a. 侏式　　　b. 末式　　　c. 味式　　　d. 株式

(p.35・問題Ⅱの解答）　1) a　2) d　3) c

第3週 4日目 仕事・会社

販売（はんばい）

漢字	読み	例
販	ハン	アクセサリーを販売する　たばこの自動販売機
購	コウ	製品を大量に購入する 新聞の定期購読を申し込む　購買部
値	あたい　ね チ	値をつける　値段が高い　値引きする 価値がある
額	ひたい ガク	額が狭い　猫の額　額入りの絵　金額
財	ザイ　サイ	財産を残す　財布を忘れる
納	おさ-める　おさ-まる ノウ　ナッ　ナ　ナントウ	税金を納める　商品が期日までに納まる　見納め 納品　収納　納豆　納戸　出納帳

確認テスト

【問題Ⅰ】_____の言葉の読み方として適当なものをa～dから一つ選びなさい。

1) 庭があるといっても猫の額ぐらいのものです。
   a. みみ　　　　b. かお　　　　c. あたま　　　　d. ひたい

2) 料理の味は塩加減で決まる。
   a. かげん　　　b. かげ　　　　c. かけん　　　　d. かべ

3) この資料は拡大しないと字が小さくてよく見えない。
   a. かくだい　　b. こうだい　　c. ひろだい　　　d. がくだい

(p.36・問題Ⅰの解答)　1) a　2) c　3) d

利益
りえき

漢字	読み	例
増	ま-す ふ-える ふ-やす ゾウ	スピードが増す　貯金が増える　増やす　増加する 増大する　激増する
減	へ-る へ-らす ゲン	ボーナスが減る　社員を減らす　力を加減する 体重が増減する
損	そこ-なう そこ-ねる ソン	損をする　損得を計算する
得	え-る う-る トク	知識を得る　心得る　やむを得ない　あり得ない あり得る　得意なスポーツ　納得する
拡	カク	拡大コピー　地図を拡大する 会社の規模を拡大する　校舎を拡張する
縮	ちぢ-む ちぢ-まる ちぢ-める ちぢ-れる ちぢ-らす シュク	セーターが縮む　相手との距離が縮まる 体を縮める　ビニールが溶けて縮れる 縮小コピー　時間短縮

【問題Ⅱ】＿＿＿の言葉を漢字で書くとき、最もよいものをa〜dから一つ選びなさい。

1) 最近はインフラで物のねだんが上がっている。
   a. 値段　　　b. 価段　　　c. 根段　　　d. 直段

2) 毎朝なっとうを食べないと元気が出ない。
   a. 納豆　　　b. 奈豆　　　c. 内豆　　　d. 夏豆

3) 学生証を忘れて割引してもらえず、500円もそんをした。
   a. 害　　　　b. 損　　　　c. 得　　　　d. 差

(p.37・問題Ⅱの解答) 1) c　2) a　3) d

仕事・会社
第3週 5日目

戦略
せんりゃく

略	リャク	コンビニエンスストアを略してコンビニと呼ぶ 文を略す　説明を省略する
充	あ-てる ジュウ	ボーナスを生活費に充てる　充実した生活を送る 目が充血する　バッテリーを充電する
加	くわ-える　くわ-わる カ	調味料を加える　仲間に加わる　加速する　加速度 加熱する　参加する　増加する　追加する
除	のぞ-く ジョ　ジ	土日を除く　アドレスを削除する　掃除する
余	あま-る　あま-す ヨ	お金が余る　余り　余計な心配　余裕 余分なカロリー
拒	こば-む キョ	命令を拒む　指示を拒否する　拒絶反応

確認テスト

【問題Ⅰ】 ＿＿＿の言葉の読み方として適当なものをa～dから一つ選びなさい。

1) 若者の間では言葉を略して短くするのが流行っている。
　　a. しゃくして　　b. りゃくして　　c. ひゃくして　　d. ちゃくして

2) 事故の現場は、ガラスの破片で覆われていた。
　　a. ひへん　　　　b. はけん　　　　c. はへい　　　　d. はへん

3) この小説はつまらなくて、第一章で読むのをやめてしまった。
　　a. だいいちしょう　b. だいいっしょ　c. だいいっしょう　d. だいいちしょ

(p.38・問題Ⅰの解答)　1) d　2) a　3) a

出版
しゅっぱん

漢字	読み	例
片	かた / ヘン	部屋を片付ける　片付く　中身が片寄る　片仮名 片道　片手　ガラスの破片
裏	うら / リ	表と裏　シャツを裏返す　親友を裏切る 裏口から入る
幅	はば / フク	幅が広い　幅をとる　大幅に増える
版	ハン	本を出版する　出版社に勤める
章	ショウ	わかりやすい文章　随筆の第一章

【問題Ⅱ】＿＿＿＿の言葉を漢字で書くとき、最もよいものをa～dから一つ選びなさい。

1) 念のため、携帯の<u>じゅうでんき</u>をいつもカバンに入れている。
   a. 充電器　　　　b. 十電器　　　　c. 統電器　　　　d. 流電器

2) 当店は祭日を<u>のぞいて</u>毎日営業しています。
   a. 除いて　　　　b. 徐いて　　　　c. 余いて　　　　d. 削いて

3) 彼女は大学卒業後、すぐに大手<u>しゅっぱんしゃ</u>に就職した。
   a. 出板社　　　　b. 出版社　　　　c. 出坂社　　　　d. 出阪社

(p.39・問題Ⅱの解答)　1) a　2) a　3) b

第4週 1日目 ドラマ・人間関係1

サスペンス1

漢字	読み	用例
毒	ドク	毒がある　気の毒　消毒する
殺	ころ-す　サツ　サイ　セツ	息を殺す　自殺する　殺人事件
責	せ-める　セキ	ミスを責める　責任が重い　責任感がある　責任者
逃	に-げる　に-がす　のが-す　のが-れる　トウ	泥棒が逃げた　ねずみを逃がす　逃走する
暴	あば-れる　あば-く　ボウ　バク	学校で暴れる　馬が暴れる　乱暴する　乱暴な人
恐	おそ-れる　おそ-ろしい　キョウ	病気を恐れる　恐ろしい夢　恐縮する

確認テスト

【問題Ⅰ】＿＿＿の言葉の読み方として適当なものをa～dから一つ選びなさい。

1) 失敗したからといって恐れることはない。必ずやり直せるから。
   a. おそれる　　b. こわがれる　　c. おこられる　　d. こわれる

2) もしもの時のために緊急連絡網を作ってある。
   a. ひんきゅう　　b. しんきゅう　　c. ちんきゅう　　d. きんきゅう

3) 3月は送別会のシーズンだ。
   a. そうべつかい　　b. そうべっかい　　c. おくりわかれかい　　d. おくわかかい

(p.40・問題Ⅰの解答)　1) b　2) d　3) c

サスペンス２

漢字	読み	例
緊	キン	緊急の用事で呼び出される　緊急事態が発生した　緊迫した状況
張	は-る　チョウ	テントを張る　くもの巣が張る　気を張る　欲張りな人　緊張する　意見を主張する
破	やぶ-れる　やぶ-る　ハ	シャツが破れる　約束を破る　紙を破る　破産する　ガラスの破片
割	わ-れる　わ-る　わり　さ-く　カツ	ケースが割れる　ウイスキーを水で割る　割引　割り算　役割　時間割
別	わか-れる　ベツ	恋人と別れる　出会いと別れ　別々に払う　別荘　ＡとＢを区別する　差別する　送別会
離	はな-れる　はな-す　リ	故郷を離れる　家族と離れて暮らす　子どもから目を離す　離婚　飛行機が離陸する

【問題Ⅱ】_____の言葉を漢字で書くとき、最もよいものをa～dから一つ選びなさい。

1) 休日にのんびりと<u>さつじん</u>事件の推理小説を読むのが好きだ。
   a. 投人　　　b. 切人　　　c. 役人　　　d. 殺人

2) <u>せきにん</u>のある仕事を任されて、がぜんやる気が出てきた。
   a. 責任　　　b. 績任　　　c. 債任　　　d. 見任

3) もう二度と遅刻をしないと先生に誓ったのに約束を<u>やぶって</u>しまった。
   a. 被って　　b. 彼って　　c. 波って　　d. 破って

(p.41・問題Ⅱの解答)　1) a　2) a　3) b

第4週 2日目 ドラマ・人間関係1

ロマンス1

漢字	読み	例
印	しるし / イン	お礼の印　目印をつける　矢印に従う　印象
象	ショウ　ゾウ	アンケートの対象　不思議な現象　第一印象　抽象的　アフリカ象
与	あた-える / ヨ	チャンスを与える　ショックを与える　給与
齢	レイ	年齢　高齢化社会
籍	セキ	日本の国籍　書籍コーナー
際	きわ / サイ	交際する　国際的　実際　その際　〜の際

確認テスト

【問題Ⅰ】＿＿＿の言葉の読み方として適当なものをa〜dから一つ選びなさい。

1) あの教授の話はいつも<u>抽象的</u>で、学生たちにはわかりにくい。
   a. ちょうしょうてき　　b. ちゃうしょうてき
   c. ちゅうしょうてき　　d. ちゅうしょてき

2) こんな時代なので、うちの会社も来月から<u>給与</u>が10パーセントも減らされる。
   a. きょうよ　　b. きゃうよ　　c. きゅうよ　　d. きゅうよう

3) 道に<u>迷った</u>時は、地図に頼るよりまわりの人に聞いたほうが早い。
   a. まよった　　b. はしった　　c. おくった　　d. こまった

(p.42・問題Ⅰの解答)　1) a　2) d　3) a

ロマンス2

漢字	読み	用例
遊	あそ-ぶ / ユウ ユ	子どもと遊ぶ　夜遊びする　遊び友達　遊園地　遊学する　遊牧民　お遊戯
誘	さそ-う / ユウ	仲間を誘って出かける　誘いを受ける　誘導　誘致　誘惑　子どもが誘拐された
勧	すす-める / カン	入会を勧める　お茶を勧める　サークルに勧誘する　勧告
寄	よ-る　よ-せる / キ	郵便局に寄る　片寄る　近寄る　お年寄り　車を寄せる　寄付する
迷	まよ-う / メイ	道に迷う　迷惑をかける　迷信　迷子になる
占	うらな-う　し-める / セン	金運を占う　大半を占める　占いが外れる

【問題Ⅱ】＿＿＿＿の言葉を漢字で書くとき、最もよいものをa～dから一つ選びなさい。

1) 欧米では、日本人は実際の<u>ねんれい</u>より若く見られるようだ。
 　a. 年輪　　　　　b. 年歳　　　　　c. 年零　　　　　d. 年齢

2) 子どものころは、野原をかけまわって<u>あそんだ</u>ものだ。
 　a. 遊んだ　　　　b. 送んだ　　　　c. 迷んだ　　　　d. 道った

3) 少しだけだが毎月恵まれない子どもたちに<u>きふ</u>をしている。
 　a. 奇付　　　　　b. 貴附　　　　　c. 希符　　　　　d. 寄付

(p.43・問題Ⅱの解答)　1) d　2) a　3) d

ドラマ・人間関係 1

第4週 3日目

仲間 1
なかま

漢字	読み	例
周	まわ-り / シュウ	池の周りを走る　一周2キロ　駅の周辺を歩く 三都市周遊旅行　周知の事実　用意周到
囲	かこ-む　かこ-う / イ	たき火を囲む　庭を塀で囲う　周囲の人たち 予算の範囲でやる
協	キョウ	地域に協力する　協力し合う
互	たが-い / ゴ	お互い様　互いに助け合う　相互
共	とも / キョウ	共に学ぶ　共働き　共通の知人　男女共学 共産主義
我	われ　わ / ガ	我々　我が国　自我が芽生える　我が強い 我を通す

確認テスト

【問題Ⅰ】_____の言葉の読み方として適当なものを a〜d から一つ選びなさい。

1) クラスのみんなで<u>協力</u>して卒業アルバムを完成させた。
　　a. きょうりょく　　b. しょうりょく　　c. ぎょうりょく　　d. ちょうりょく

2) けがのため試合には出場できなかったが、<u>応援団</u>として参加した。
　　a. おうえんだん　　b. おうへんだん　　c. おうほうだん　　d. おうようだん

3) 最近の弟は表情が暗いが、何か悩みでも<u>抱え</u>ているのだろうか。
　　a. だえて　　　　　b. いだえて　　　　c. ほうえて　　　　d. かかえて

(p.44・問題Ⅰの解答)　1) c　2) c　3) a

仲間 2
なかま

漢字	読み	例
皆	みな / カイ	学生の皆さん　皆様のおかげです
緒	お / ショ　チョ	へその緒　堪忍袋の緒が切れる　一緒に行く　内緒にする 由緒ある家柄　情緒豊かな城下町　情緒不安定
援	エン	チームを応援する　応援団　後援会　援助　救援物資
精	セイ　ショウ	清い精神　交通費を精算する
抱	だ-く　かか-える　いだ-く　ホウ	犬を抱く　大きな荷物を抱える　問題を抱える　望みを抱く
氏	うじ / シ	氏より育ち　氏名を書く　鈴木氏　両氏　源氏物語

【問題Ⅱ】＿＿＿の言葉を漢字で書くとき、最もよいものをa〜dから一つ選びなさい。

1) 二人は同じジャーナリストとして、<u>おたがい</u>尊敬し合っている。
   a. お相い　　　b. お互い　　　c. お后い　　　d. お揃い

2) 夫とは、去年<u>きょうつう</u>の友人を通して知り合いました。
   a. 協通　　　b. 供通　　　c. 共通　　　d. 旧通

3) 体は健康だが、<u>せいしんてき</u>に疲れ気味だ。
   a. 清紳的　　　b. 情神的　　　c. 精神的　　　d. 精紳的

(p.45・問題Ⅱの解答)　1) d　2) a　3) d

ドラマ・人間関係 1

第4週 4日目

敬語 1

漢字	読み	用例
尊	とうと-ぶ たっと-ぶ とうと-い たっと-い ソン	父を尊敬する　意見を尊重する
敬	うやま-う ケイ	目上の人を敬う　尊敬する　敬語　敬老の日 敬具
申	もう-す シン	鈴木と申します　ご挨拶申し上げます　申し込む 申込書　申請　申告
参	まい-る サン	そちらに参ります　お墓参り　会合に参加する 参考にする　お弁当持参
致	いた-す チ	お願い致します　意見が一致する　傷害致死事件 致命的なミス
御	おん ギョ ゴ	株式会社田中電気御中　御手洗い　御両親　御用

確認テスト

【問題 I】_____の言葉の読み方として適当なものをa～dから一つ選びなさい。

1) 社長は私たち社員の意見も尊重してくれる。
   a. そんじゅう　　b. そんじゅ　　c. そんちょう　　d. そんちょ

2) 一人で勉強するなら参考書を使ったほうが効果的だ。
   a. さんこうしょ　　b. ざんこうしょ　　c. もんだいしょ　　d. ぼんだいしょ

3) 田中さんの送別会でバラの花束をおくろうと、皆の意見が一致した。
   a. いっち　　b. いっし　　c. いっとう　　d. いったい

(p.46・問題Iの解答)　1) a　2) a　3) d

敬語2
けいご

召	め-す ショウ	召し上がる　着物をお召しになる
拝	おが-む ハイ	日の出を拝む　教授の本を拝見する
了	リョウ	準備が完了する　試験が終了する
承	うけたまわ-る ショウ	注文を承る　要求を承知する　承認する
伺	うかが-う シ	明後日伺います　先生から伺った話
頂	いただ-く　いただき チョウ	手料理を頂く　エベレストの頂上　頂点

【問題Ⅱ】_____の言葉を漢字で書くとき、最もよいものをa〜dから一つ選びなさい。

1) 日本語の中でけいごの使い分けは最も難しいと言われる。
　　a. 敬語　　　　　b. 恵語　　　　　c. 句語　　　　　d. 放語

2) 山田と申す者が、明日そちらへうかがいます。
　　a. 承います　　　b. 頂います　　　c. 了います　　　d. 伺います

3) うっかりしていて、宛名に「おんちゅう」と書くのを忘れてしまった。
　　a. 御中　　　　　b. 恩中　　　　　c. 御注　　　　　d. 御様

(p.47・問題Ⅱの解答)　1) b　2) c　3) c

第4週 5日目 チャレンジ

【1】次の漢字はどう読みますか。正しいほうに○をつけなさい。

1) 郵便局員　（ ゆうびんきょくいん ・ ゆうべんきょくいん ）
2) 違法駐車　（ いほうちゅうしゃ ・ いぼうちゅうしゃ ）
3) 梅雨前線　（ つゆぜんせん ・ ばいうぜんせん ）
4) 診療時間　（ しんりょうじかん ・ しんろうじかん ）
5) 体温調節　（ ていおんちょうせつ ・ たいおんちょうせつ ）
6) 就職状況　（ しゅうそくじょうきょう ・ しゅうしょくじょうきょう ）
7) 相互理解　（ そうごりかい ・ そうじりかい ）
8) 救援物資　（ きゅうえんぶっし ・ にゅうえんぶっし ）
9) 片側車線　（ かたがわしゃせん ・ かたかわしゃせん ）
10) 傷害事件　（ じょうがいじけん ・ しょうがいじけん ）

【2】次の漢字はどう書きますか。正しいほうに○をつけなさい。

1) ちんたいけいやく　（ 賃貸契約 ・ 賃貸契約 ）
2) いんがかんけい　（ 困果関係 ・ 因果関係 ）
3) けいきかいふく　（ 景気回復 ・ 景気回腹 ）
4) えいぎょうせいせき　（ 営業成績 ・ 営業成債 ）
5) そんがいほけん　（ 損害保健 ・ 損害保険 ）
6) きんきゅうじたい　（ 緊急事態 ・ 緊急事熊 ）
7) きしょうじょうほう　（ 気像情報 ・ 気象情報 ）
8) ていきこうどく　（ 定期買読 ・ 定期購読 ）
9) せいみつきき　（ 精密機器 ・ 清密機器 ）
10) ひろうこっせつ　（ 疲労骨折 ・ 被労骨折 ）

【3】次の意味を表す漢字はどう書きますか。あいているマスに漢字を書きなさい。

1) 電車が一つひとつの駅にとまること

　| 　 | 駅 | 　 | 車 |

2) 度が過ぎるほど食べたり飲んだりすること

　| 　 | 飲 | 　 | 食 |

3) 文章における4段構成をあらわす概念のこと

　| 起 | 　 | 　 | 結 |

4) 病気やけがの状態

　| 　 | 状 |

5) たずねてきた客

　| 訪 | 　 |

6) 国籍の違う二人が夫婦になること

　| 国 | 　 | 　 |

7) 身体の栄養や発育の状況などを医者が診断すること

　| 　 | 　 | 診 | 断 |

8) お金を入れると自動的に目的の物品が手に入れられる機械

　| 自 | 動 | 　 | 　 | 機 |

9) 書籍や雑誌などを製作する会社

　| 　 | 　 | 社 |

10) パスポートや運転免許証のように名前や生年月日が書いてあるもの

　| 身 | 　 | 明 | 　 |

自然 1・社会 1

砂浜（すなはま）

湾	ワン	東京湾（とうきょうわん）
沖	おき チュウ	沖に出る（おき）　沖でボートが沈んだ（おき／しず）　沖合漁業（おきあいぎょぎょう） 沖縄県（おきなわけん）
浜	はま ヒン	浜辺で貝を拾う（はまべ／かい／ひろ）　砂浜で遊ぶ（すなはま／あそ）　横浜市（よこはまし） お台場海浜公園（だいばかいひんこうえん）　京浜（けいひん）
江	え コウ	入り江にボートを泊める（い／え／と）　江戸時代（えどじだい）　長江（ちょうこう）
砂	すな サ　シャ	砂遊び（すなあそ）　砂糖を入れる（さとう／い）　砂漠（さばく）

確認テスト（かくにん）

【問題Ⅰ】＿＿＿の言葉（ことば）の読み方（よみかた）として適当（てきとう）なものをa〜dから一つ選（えら）びなさい。

1) 物語（ものがたり）の中の旅人（たびびと）は、<u>泉</u>の水に助（たす）けられた。
　　a. せん　　　b. みずうみ　　　c. いずみ　　　d. いずうみ

2) タイタニック<u>沈没</u>の事故は1912年のことだった。
　　a. ちんぼつ　　b. じんぼつ　　c. しんぼつ　　d. ぢんぼつ

3) <u>天井</u>が高い部屋（へや）は実際（じっさい）より広（ひろ）く見えます。
　　a. てんどん　　b. てんじょう　　c. てんせい　　d. てんしょう

（p.48・問題Ⅰの解答）　1) c　2) a　3) a

挑戦編

月　日　／6

水 1

泉	いずみ セン	泉がわきでる　知識の泉　温泉
源	みなもと ゲン	この川の源は山中湖だ　語源を調べる　天然資源 震源地　水源　人類の起源　源泉徴収
浮	う-く　う-かれる う-かぶ　う-かべる フ	空中に浮く　アイデアが浮かぶ　涙を浮かべる
沈	しず-む　しず-める チン	ボートが沈む　日が沈む
井	い セイ　ショウ	井戸　井戸水をくむ　市井　天井を見上げる 天井画
沢	さわ タク	沢を登る　沢登り　光沢のある紙　潤沢な資金 贅沢な生活

【問題Ⅱ】＿＿＿の言葉を漢字で書くとき、最もよいものをa〜dから一つ選びなさい。

1) よこはまの中華街は、人気のスポットだ。
　　a. 横兵　　　　b. 横浜　　　　c. 横宝　　　　d. 横江

2) 今、地球のさばくかが深刻な問題となっている。
　　a. 砂漠化　　　b. 砂莫化　　　c. 沙獏化　　　d. 砂獏化

3) 相模川のすいげんは山中湖だ。
　　a. 水原　　　　b. 水源　　　　c. 水現　　　　d. 水減

（p.49・問題Ⅱの解答）　1) a　2) d　3) a

第5週 2日目 自然1・社会1

地球(ちきゅう)

漢字	読み	用例
宇	ウ	宇宙(うちゅう) 宇宙飛行士(うちゅうひこうし)
宙	チュウ	契約(けいやく)が宙(ちゅう)に浮(う)く 宇宙船(うちゅうせん)
環	カン	環状道路(かんじょうどうろ) 循環(じゅんかん)
境	さかい / キョウ ケイ	町(まち)と町(まち)の境(さかい) 境界線(きょうかいせん) 国境(こっきょう) 環境問題(かんきょうもんだい)
極	きわ-める きわ-まる きわ-み / キョク ゴク	南極(なんきょく) 北極(ほっきょく) 積極的(せっきょくてき) 消極的(しょうきょくてき) 極道(ごくどう)
昇	のぼ-る / ショウ	日(ひ)が昇(のぼ)る 気温(きおん)が上昇(じょうしょう)する 課長(かちょう)に昇進(しょうしん)する 昇給(しょうきゅう)する

確認(かくにん)テスト

【問題Ⅰ】_____の言葉(ことば)の読(よ)み方(かた)として適当(てきとう)なものをa〜dから一(ひと)つ選(えら)びなさい。

1) ちょうどこの辺(あた)りが、東京(とうきょう)と埼玉(さいたま)の<u>境</u>になる。
　　a. きょう　　　b. かい　　　c. さかい　　　d. ざかい

2) たとえ月旅行(つきりょこう)が可能(かのう)でも、実際(じっさい)に行けるのは<u>極</u>わずかだ。
　　a. きょく　　　b. ごく　　　c. きょうく　　　d. きわめて

3) 充分(じゅうぶん)な休みをとっていれば、けがを<u>防ぐ</u>ことができる。
　　a. ぼうぐ　　　b. ぶせぐ　　　c. つむぐ　　　d. ふせぐ

(p.52・問題Ⅰの解答) 1) c　2) a　3) b

挑戦編

災害 1
さいがい

漢字	読み	用例
災	わざわ-い / サイ	火災が起きた　災難に遭う　被災者　天災
害	ガイ	害がある　被害を受ける　損害　障害　利害関係 公害
震	ふる-える　ふる-う / シン	体が震える　地震が起きる
防	ふせ-ぐ / ボウ	敵の侵入を防ぐ　防犯ベルをつける 事故の発生を防止する　予防注射
影	かげ / エイ	人の影が映る　人影がない　影が薄い　面影がある ドラマの撮影　陰影
響	ひび-く / キョウ	ホールに音が響く　心に響く音楽　影響を受ける 海外で反響を呼ぶ　音響

【問題Ⅱ】＿＿＿の言葉を漢字で書くとき、最もよいものをa～dから一つ選びなさい。

1) 子どものころうちゅう旅行を夢見たものだ。
   a. 宇宙　　　b. 宇空　　　c. 学宙　　　d. 字空

2) 工場が多い地域のこうがいが今でも問題になっている。
   a. 郊外　　　b. 工害　　　c. 公害　　　d. 公罪

3) 交通事故の現場を見てしまい、思わず体がふるえた。
   a. 振えた　　b. 曇えた　　c. 震えた　　d. 怯えた

(p.53・問題Ⅱの解答)　1) b　2) a　3) b

自然1・社会1

第5週 3日目

教育1
きょういく

講	コウ	講演を聴く　講堂に集まる　講義に出る　講師 休講する
義	ギ	大学の講義　納税の義務　義理の兄　正義の味方 定義
導	みちび-く ドウ	新入社員を指導する　生徒指導
専	もっぱ-ら セン	専ら地下鉄を利用する　社長専用車　専門は数学だ 子育てに専念する
限	かぎ-る ゲン	女性に限る　数に限りがある　限界　限度 制限する　期限　無限
修	おさ-まる　おさ-める シュウ　シュ	素行が修まる　学問を修める　修了証書 修士論文　修学旅行　靴の修理　修行

確認テスト

【問題Ⅰ】_____の言葉の読み方として適当なものをa～dから一つ選びなさい。

1) 今、<u>専門</u>学校でIT技術を学んでいる。
   a. せんもんがっこう　　　　b. ぜんもんがっこう
   c. てんもんがっこう　　　　d. はくもんがっこう

2) 彼が事実を<u>述</u>べているかどうかは、目を見ればわかる。
   a. くらべて　　b. しらべて　　c. ならべて　　d. のべて

3) 数学の勉強は<u>基礎</u>が大切だ。
   a. もと　　b. きほん　　c. きそ　　d. もとい

(p.54・問題Ⅰの解答)　1) c　2) b　3) d

教育2
きょういく

漢字	読み	用例
述	の-べる　ジュツ	事実を述べる　主語と述語
博	ハク　バク	博物館　博士号を取得する　医学博士　博学　博愛の精神　賭博　博多
策	サク	政策を立てる　対策　方策を練る　画策する　国策　策略をめぐらす
基	もと　もとい　キ	事実に基づいた話　基礎固め　基盤　基金を運用する　基本的人権　軍事基地　採点基準
簿	ボ	名簿に名前を記入する　出席簿　帳簿　簿記二級　家計簿を付ける
塾	ジュク	子どもを塾に通わせる　塾講師　学習塾　塾生

【問題Ⅱ】　＿＿＿の言葉を漢字で書くとき、最もよいものをa～dから一つ選びなさい。

1) 校長先生はこうどうに生徒を集めて、喜びのニュースを伝えた。
　　a. 講道　　　b. 公同　　　c. 講堂　　　d. 校堂

2) そのスターのサイン会は入場がせいげんされたほどだった。
　　a. 制権　　　b. 制限　　　c. 勢限　　　d. 勢減

3) 同窓会めいぼに懐かしい名前を見つけた。
　　a. 名薄　　　b. 名募　　　c. 名簿　　　d. 名慕

（p.55・問題Ⅱの解答）　1) a　2) c　3) c

第5週 4日目

自然1・社会1

法律(ほうりつ)

漢字	読み	例
条	ジョウ	条件を提示する　条約を結ぶ　民法第一条　信条　箇条書き
令	レイ	命令に従う　号令をかける　社長の令嬢
司	シ	司会　上司　司書　立法・司法・行政
制	セイ	入場を制限する　作品を制作する　制度を改める　体制
省	はぶ-く　かえり-みる　ショウ　セイ	無駄を省く　外務省　省エネ　反省する
庁	チョウ	東京都庁　県庁　市庁　警察庁

確認テスト

【問題Ⅰ】_____の言葉の読み方として適当なものをa～dから一つ選びなさい。

1) 中学校、高校の時は<u>制服</u>がありました。
   a. ぜいふく　　b. きふく　　c. せいふく　　d. しふく

2) 10年前の事件の犯人がやっと<u>捕まった</u>。
   a. とらまった　b. つかまった　c. おさまった　d. からまった

3) 風で髪が<u>乱れる</u>ので、オープンカーは好きではない女性が多い。
   a. みだれる　　b. とられる　　c. いかれる　　d. さわれる

(p.56・問題Ⅰの解答)　1) a　2) d　3) c

警察
けいさつ

漢字	読み	例
警	ケイ	ビルを警備する　危険を警告する　警官
察	サツ	鳥を観察する　患者を診察する　警察
署	ショ	書類に署名する　署名を集める　警察署　消防署
捕	つか-まる　つか-まえる　と-らわれる　と-る　と-らえる　ホ	泥棒が捕まる　強盗を捕まえる　犯人を捕らえる　ねずみを捕る　逮捕する
守	まも-る　も-り　シュ　ス	ルールを守る　留守　留守番電話
乱	みだ-れる　みだ-す　ラン	髪が乱れる　規律を乱す　乱暴な言葉　頭が混乱する

【問題Ⅱ】＿＿＿の言葉を漢字で書くとき、最もよいものをa～dから一つ選びなさい。

1) このごろ毎日じょうしに残業を頼まれる。
   a. 上司　　　　b. 上師　　　　c. 上市　　　　d. 上氏

2) 毎年8月には故郷にきせいしている。
   a. 帰政　　　　b. 帰生　　　　c. 帰請　　　　d. 帰省

3) こうして動物をかんさつしていると、悩みも忘れる。
   a. 観察　　　　b. 観擦　　　　c. 歓察　　　　d. 歓祭

(p.57・問題Ⅱの解答)　1) c　2) b　3) c

自然1・社会1

政治1

党	トウ	日本の政党　甘党と辛党
民	たみ　ミン	民主主義　国民　市民　住民　難民　移民 民意を反映する　民の意見　民間企業　民話
挙	あ-がる　あ-げる　キョ	犯人が挙がる　例を挙げる　式を挙げる　選挙 挙手　教会で挙式する　前例のない快挙
委	ゆだ-ねる　イ	運営を委ねる　交渉を委任する　委員を選ぶ 業務委託　教育委員会
権	ケン　ゴン	権利を主張する　参政権　選挙権　権力者 物理学の権威　政権交代　悪の権化
票	ヒョウ	票を獲得する　選挙で投票する　一票の差 伝票に記入する

確認テスト

【問題Ⅰ】_____の言葉の読み方として適当なものをa～dから一つ選びなさい。

1) わかった人は手を<u>挙げて</u>ください。
　　a. わげて　　b. さげて　　c. たげて　　d. あげて

2) 2回裏だからタイガースの<u>攻撃</u>だ。
　　a. こうこう　　b. こうせい　　c. こうげき　　d. こううち

3) 昨日、近くの工場で<u>爆発</u>があった。
　　a. ばくはつ　　b. ぼうはつ　　c. ばきはつ　　d. ぼくはつ

(p.58・問題Ⅰの解答)　1) c　2) b　3) a

攻撃(こうげき)

漢字	読み	用例
攻	せ-める / コウ	隣国を攻める　速攻　ドイツ語を専攻する　攻守を交替する　攻略本
撃	う-つ / ゲキ	ピストルを撃つ　敵を攻撃する　突撃　台風が直撃する
爆	バク	工場が爆発する　不満が爆発する　ガス爆発　爆笑
討	う-つ / トウ	敵を討つ　討伐　討論を行う　問題点を検討する　討議を重ねる
射	い-る / シャ	矢で的を射る　的を射た意見　ミサイルを発射する　射殺　光が反射する　注射
武	ブ / ム	武器を運ぶ　武士のような人

【問題Ⅱ】＿＿＿＿の言葉を漢字で書くとき、最もよいものをa～dから一つ選びなさい。

1）日本では、二十歳から<u>せんきょけん</u>がある。
　　a. 選挙検　　　b. 選挙原　　　c. 選挙権　　　d. 選挙県

2）今度の国会では経済政策について真剣に<u>とうぎ</u>している。
　　a. 答議　　　　b. 統議　　　　c. 闘議　　　　d. 討議

3）<u>ぶき</u>のない平和な世界を望んでいる。
　　a. 部器　　　　b. 武器　　　　c. 兵器　　　　d. 無器

（p.59・問題Ⅱの解答）　1）a　2）d　3）a

第6週 1日目 生活2・働く

住宅1（じゅうたく）

漢字	読み	用例
畳	たた-む　たたみ　ジョウ	布団を畳む　折り畳み傘　畳の部屋　石畳を歩く　六畳間に住んでいる
床	とこ　ゆか　ショウ	床屋に行く　床の間に生け花をかざる　モップで床をふく　6時起床　病床につく
軒	のき　ケン	軒先に花を飾る　軒下につばめが巣を作った　軒を連ねる　軒並み　一軒　数軒の家
玄	ゲン	玄関から家に入る　玄米　玄人
壁	かべ　ヘキ	壁に絵を掛ける　壁紙　記録の壁を破る　古代の壁画　岸壁に波が打ち寄せる
廊	ロウ	長い廊下　画廊で絵の個展を開く　寺院の回廊

確認テスト

【問題Ⅰ】＿＿＿の言葉の読み方として適当なものをa〜dから一つ選びなさい。

1) 友達の部屋は<u>八畳</u>くらいの大きさだ。
   a. はちたたみ　　b. はちじょう　　c. はちだたみ　　d. はちじゅう

2) マンションよりも<u>一軒家</u>に住みたい。
   a. いちのきや　　b. いっけんや　　c. いっこや　　d. いちのんや

3) 夏休みは知り合いの<u>別荘</u>を借りてバーベキューをやる予定だ。
   a. べっそう　　b. べりそう　　c. べつそう　　d. んそう

(p.60・問題Ⅰの解答) 1) d　2) c　3) a

挑戦編

月　日　／6

住宅2
じゅうたく

寮	リョウ	大学の寮　寮生活　社員寮　独身寮に入る
隣	とな-る　となり リン	席が隣り合う　隣の家　右隣　両隣　近隣 アパートの隣室　公園に隣接する
敷	し-く フ	布団を敷く　敷物を持参する　座敷　敷金 鉄道を敷設する
狭	せま-い　せば-める せば-まる キョウ	狭い庭　世間は狭い
荘	ソウ	週末に別荘へ行く　山荘　荘重な儀式

【問題Ⅱ】_____の言葉を漢字で書くとき、最もよいものをa～dから一つ選びなさい。

1) <u>かべ</u>にきれいな風景画が掛かっている。
　　a. 尉　　　　　b. 避　　　　　c. 壁　　　　　d. 壘

2) アパートの<u>となり</u>の部屋がうるさくて、私はなかなか眠れない。
　　a. 憐　　　　　b. 隣　　　　　c. 燐　　　　　d. 麟

3) 子ども達は部屋が<u>せまい</u>といつも文句を言っている。
　　a. 狭い　　　　b. 峡い　　　　c. 挟い　　　　d. 侠い

(p.61・問題Ⅱの解答)　1) c　2) d　3) b

第6週 2日目 生活2・働く

贈り物2

漢字	読み	例
封	フウ　ホウ	手紙を封筒に入れる
筒	つつ　トウ	お茶の筒　封筒　水筒
歳	サイ　セイ	十五歳　何歳　歳末　歳月が過ぎる　二十歳
暮	く-れる　く-らす　ボ	日が暮れる　年の暮れ　海外で暮らす　一人暮らし
宛	あ-てる	宛先　宛名
菓	カ	お菓子　和菓子　洋菓子　製菓会社で働いている　茶菓

確認テスト

【問題Ⅰ】＿＿＿の言葉の読み方として適当なものをa～dから一つ選びなさい。

1) 娘はお菓子ばかり食べて、虫歯になってしまった。
   a. おがし　　b. おこし　　c. おかし　　d. おごし

2) このぶどうは粒が大きくて、しかも甘い。
   a. こな　　b. つぶ　　c. ふさ　　d. まめ

3) 夫は酢の物が嫌いで、絶対に食べない。
   a. さくのもの　　b. しゅのもの　　c. ずのもの　　d. すのもの

(p.62・問題Ⅰの解答)　1) b　2) b　3) a

挑戦編

調味料
ちょうみりょう

詰	つ-まる つ-める つ-む キツ	鼻が詰まる 目が詰まった布 箱に詰める 荷物を詰め込む 詰問する
瓶	ビン	ビール瓶 花瓶 空き瓶 ガラス瓶 瓶詰めのジャム
粒	つぶ リュウ	一粒 大きな粒 米粒
酢	す サク	酢 甘酢 酢の物 酢酸は酢の主な成分だ
糖	トウ	砂糖 糖分を控える 果糖 糖尿病
辛	から-い シン	辛い点数 辛めのカレー 辛口の感想

【問題Ⅱ】＿＿＿の言葉を漢字で書くとき、最もよいものをa～dから一つ選びなさい。

1) <u>ふうとう</u>の中身は、便せん10枚のラブレターだった。
　　a. 風筒　　　　　b. 袋筒　　　　　c. 封筒　　　　　d. 信筒

2) 一人<u>ぐらし</u>は初めは寂しかったが、今では気楽でいい。
　　a. 慕らし　　　　b. 暮らし　　　　c. 募らし　　　　d. 墓らし

3) カレーなら、<u>からくち</u>が絶対においしいと思う。
　　a. 辛口　　　　　b. 幸口　　　　　c. 空口　　　　　d. 甘口

(p.63・問題Ⅱの解答)　1) d　2) b　3) a

第6週 3日目 生活2・働く

交通3

渋	しぶ-る　しぶ-い　しぶ ジュウ	返事を渋る　お金を出すのを渋る　渋いお茶 渋い色のネクタイ　柿の渋　苦渋を味わう
滞	とどこお-る タイ	仕事が滞る　家賃の支払いが滞る　交通渋滞 2週間滞在する　家賃を滞納する　景気が停滞する
街	まち ガイ　カイ	街を歩く　市街地　商店街で買い物する 街頭演説をする　街道を歩く
往	オウ	家と会社を往復する　往復はがき　医者に往診を頼む 車の往来が激しい　右往左往する
距	キョ	東京から富士山までの距離　距離をおいてつきあう 距離が長い　長距離ランナー
灯	ひ トウ	ランプに灯をともす　12時に消灯する　電灯 街灯　灯台

確認テスト

【問題Ⅰ】＿＿＿の言葉の読み方として適当なものをa～dから一つ選びなさい。

1) 駅前に大きな商店街があって、何でもそろう。
    a. しょうてんかい　　　　　　　b. しょうてんがい
    c. しょうてんまち　　　　　　　d. しょうてんろう

2) 往復きっぷは片道ずつ買うよりずっと安いのでよく利用する。
    a. おうふく　　b. じゅうふく　　c. しゅうふく　　d. どうふく

3) この大学は多くの有名な野球選手を輩出している。
    a. ようしゅつ　　b. しゃしゅつ　　c. はいしゅつ　　d. ひしゅつ

(p.64・問題Ⅰの解答) 1) c　2) b　3) d

サラリーマン

漢字	読み	例
携	たずさ-える　たずさ-わる ケイ	お土産を携える　手を携える　プロジェクトに携わる 携帯電話　ライバル会社と提携を結ぶ　連携プレー
即	ソク	計画を即実行する　質問に即答する　即断即決 即席料理　一触即発
稼	かせ-ぐ カ	働いてお金を稼ぐ　時間を稼ぐ　稼ぎが少ない 出稼ぎ　稼動／稼働　稼業
需	ジュ	生活必需品　需要と供給
僚	リョウ	同僚　官僚　閣僚
輩	ハイ	先輩　後輩　吾輩は猫である 多くの有名選手を輩出した高校

【問題Ⅱ】＿＿＿＿の言葉を漢字で書くとき、最もよいものをa～dから一つ選びなさい。

1) 高速道路では車間きょりを十分にとるようにこころがけている。
   a. 巨離　　　　b. 拒離　　　　c. 距離　　　　d. 炬離

2) この頃は多くの子どもがけいたい電話を使っている。
   a. 敬帯　　　　b. 掲帯　　　　c. 繁帯　　　　d. 携帯

3) 仕事をするということはお金をかせぐことだけが目的ではない。
   a. 稼ぐ　　　　b. 家ぐ　　　　c. 貯ぐ　　　　d. 嫁ぐ

（p.65・問題Ⅱの解答）　1) c　2) b　3) a

第6週 4日目 生活2・働く

コピー

漢字	読み	例
刷	す-る / サツ	カタログを刷る　名刺を印刷する
枠	わく	窓枠　枠組み　予算枠　枠で囲む 枠にはまった考え方
縦	たて / ジュウ	縦と横をそろえる　縦書き　縦社会 日本列島縦断　縦横無尽
斜	なな-め / シャ	斜め後ろの席　世の中を斜めに見る　新聞の斜め読み 斜線を引く　斜面　斜に構える
端	はし　は　はた / タン	道の端を歩く　端っこ　端数　池の端　先端技術 極端な意見　発端　両端をそろえる
隅	すみ / グウ	部屋の隅

確認テスト

【問題Ⅰ】＿＿＿の言葉の読み方として適当なものをa〜dから一つ選びなさい。

1）招待状を刷るのが遅くなったので、速達で送った。
　　a. けずる　　　b. はかる　　　c. する　　　d. はる

2）危ないですから、橋の端を歩かないでください。
　　a. はし　　　b. はた　　　c. は　　　d. たん

3）彼はのんびりしているように見えるが、実はかなり勘が鋭い。
　　a. にぶい　　　b. きよい　　　c. きわどい　　　d. するどい

(p.66・問題Ⅰの解答)　1) b　2) a　3) c

挑戦編

様子を表す言葉２

堅	かた‐い ケン	堅い材木　口が堅い
硬	かた‐い コウ	硬いパン　表情が硬い　500円硬貨
鋭	するど‐い エイ	鋭いナイフ　勘が鋭い 鋭利
鈍	にぶ‐る　にぶ‐い ドン	頭の働きが鈍る　体の動きが鈍い　反応が鈍い 鈍感な人
詳	くわ‐しい ショウ	詳しい解説　詳しく説明する　詳細な説明をする 年齢不詳
簡	カン	簡単な計算　簡単に片付ける

【問題Ⅱ】＿＿＿の言葉を漢字で書くとき、最もよいものをａ〜ｄから一つ選びなさい。

1) 最近、<u>たて</u>書きの手紙はあまり書かなくなった。
 a. 渋　　　　　b. 従　　　　　c. 縦　　　　　d. 横

2) 毎日500円<u>こうか</u>を一枚、この貯金箱に入れることにしている。
 a. 高貨　　　　b. 硬貨　　　　c. 高価　　　　d. 効果

3) 年をとってきたので、体の動きも<u>にぶく</u>なってきた。
 a. 鋭く　　　　b. 鈍く　　　　c. 釘く　　　　d. 鉛く

(p.67・問題Ⅱの解答)　1) c　2) d　3) a

第6週 5日目 生活２・働く

様子を表す言葉３

漢字	読み	例
潔	いさぎよ-い / ケツ	潔い態度　意見を簡潔に述べる　身の回りを清潔に保つ　不潔なトイレ　裁判で身の潔白を証明する
頑	ガン	頑固な性格　頑丈な体つき　頑張る
勇	いさ-む / ユウ	勇ましい動物　勇気がある
賢	かしこ-い / ケン	賢い子ども　賢明　賢者
偉	えら-い / イ	偉い人物　偉大な学者
珍	めずら-しい / チン	珍しい料理　珍しく元気がない

確認テスト

【問題Ⅰ】_____の言葉の読み方として適当なものをａ～ｄから一つ選びなさい。

1) 日本代表の勇ましい戦いぶりは、国民の感動を呼んだ。
   a. あさましい　　b. うらやましい　　c. ゆうましい　　d. いさましい

2) まだ小さいのに漢字が書けるなんて、本当に賢い子だ。
   a. かしこい　　b. いざきよい　　c. かたい　　d. するどい

3) 誕生日プレゼントをきれいな紙で包装してあげた。
   a. ほうしょう　　b. ほうぞう　　c. ほうそう　　d. ほうよう

(p.68・問題Ⅰの解答)　1) c　2) a　3) d

服装（ふくそう）

漢字	読み	用例
帽	ボウ	学生帽（がくせいぼう）　麦わら帽子（むぎわらぼうし）　彼の腕前には脱帽する（かれのうでまえにはだつぼうする）
傘	かさ／サン	傘をさす（かさをさす）　傘立て（かさたて）　雨傘（あまがさ）　日傘（ひがさ）　大企業の傘下に入る（だいきぎょうのさんかにはいる）
革	かわ／カク	革のベルト（かわのベルト）　革製品（かわせいひん）　産業革命（さんぎょうかくめい）　技術革新（ぎじゅつかくしん）
靴	くつ／カ	靴を履く（くつをはく）　靴下（くつした）　革靴（かわぐつ）　長靴（ながぐつ）　製靴業を営む（せいかぎょうをいとなむ）
柄	がら／え／ヘイ	花柄のワンピースを着る（はながらのワンピースをきる）　人柄（ひとがら）　家柄（いえがら）　場所柄（ばしょがら）　柄の悪い男（がらのわるいおとこ）　かさの柄の部分を持つ（かさのえのぶぶんをもつ）　横柄な人（おうへいなひと）
装	よそおーう／ソウ／ショウ	春の装いを楽しむ（はるのよそおいをたのしむ）　客を装う（きゃくをよそおう）　服装（ふくそう）　プレゼントを包装する（プレゼントをほうそうする）　安全装置（あんぜんそうち）　舞台衣装（ぶたいいしょう）

【問題Ⅱ】＿＿＿の言葉を漢字で書くとき、最もよいものをa〜dから一つ選びなさい。

1) にきびを予防するために洗顔後は<u>せいけつ</u>なタオルを使うようにしている。
   a. 清決な　　　b. 清潔な　　　c. 清契な　　　d. 清滞な

2) 海外旅行の楽しみの一つは、<u>めずらしい</u>料理を食べることだ。
   a. 珍しい　　　b. 怪しい　　　c. 希しい　　　d. 貴しい

3) イタリアに旅行した時、きれいな色の<u>かわぐつ</u>を買った。
   a. 皮靴　　　b. 長靴　　　c. 革靴　　　d. 柄靴

(p.69・問題Ⅱの解答)　1) c　2) b　3) b

自然2

第7週 1日目

花2

咲	さ-く	桜の花が咲く　笑顔が咲く
枯	か-れる　か-らす コ	花が枯れる　枯れ葉
散	ち-る　ち-らす ち-らかす　ち-らかる サン	花が散る　気を散らす　部屋を散らかす 散らかった部屋　散歩する　解散する
菊	キク	菊の花　菊人形　食用菊　春菊　野菊
枝	えだ シ	木の枝　枝毛

確認テスト

【問題Ⅰ】_____の言葉の読み方として適当なものをa～dから一つ選びなさい。

1) 就活のために紺色のスーツを購入した。
 a. あおいろ　　b. くろいろ　　c. むらさきいろ　　d. こんいろ

2) 新鮮な野菜で、おいしいサラダを作りましょう。
 a. しんそんな　b. しんせいな　c. しんそうな　　d. しんせんな

3) 暑さと水不足で庭の花が枯れてしまった。
 a. がれて　　　b. かれて　　　c. こわれて　　　d. ちれて

(p.70・問題Ⅰの解答)　1) d　2) a　3) c

色(いろ)

漢字	読み	例
紺	コン	紺のスーツを着る　紺色のジャケット　濃紺のスカート　紺ぺきの空
紫	むらさき / シ	紫のセーターを着る　紫色の花　紫外線が強い
灰	はい / カイ	たばこの灰　灰皿　灰色の空
鮮	あざ-やか / セン	鮮やかな青　新鮮な野菜　鮮魚　生鮮食品　鮮明に記憶している
彩	いろど-る / サイ	花火が夜空を彩る　彩りがいい　鮮やかな色彩　多彩な趣味　水彩画

【問題Ⅱ】　_____の言葉を漢字で書くとき、最もよいものをa～dから一つ選びなさい。

1) 佐藤君は最近、彼女にふられて<u>はいいろ</u>の日々を送っている。
　　a. 灰色　　　　b. 紫色　　　　c. 黒色　　　　d. 紅色

2) 田中君の机の上はいつも<u>ちらかって</u>いる。
　　a. 枯らかって　b. 汚らかって　c. 散らかって　d. 塵らかって

3) 庭の木の<u>えだ</u>に小鳥がとまって、いい声で鳴いている。
　　a. 技　　　　　b. 枝　　　　　c. 根　　　　　d. 梓

(p.71・問題Ⅱの解答)　1) b　2) a　3) c

自然2
しぜん

動物
どうぶつ

漢字	読み	例
飼	か-う / シ	犬を飼う　飼い主　牛を飼育する　馬に飼料をやる
畜	チク	牧畜を学ぶ　家畜
猫	ねこ / ビョウ	猫にえさをやる　子猫　猫の額
羊	ひつじ / ヨウ	羊の肉　子羊　羊飼い　羊毛のセーター　山羊
豚	ぶた / トン	豚肉を食べる　子豚　豚小屋　養豚場　豚カツ
牧	まき / ボク	牧場で働く　放牧する　牧畜業　遊牧民族　牧師　牧場

確認テスト
かくにん

【問題Ⅰ】＿＿＿の言葉の読み方として適当なものをa～dから一つ選びなさい。

1) 家ではインコをペットとして飼っている。
　　a. かって　　　b. いって　　　c. しって　　　d. やって

2) 暑さで汗が滝のように流れている。
　　a. たき　　　　b. かわ　　　　c. うみ　　　　d. みす

3) 道が凍り、転んでケガをした人が救急車で運ばれた。
　　a. こうり　　　b. こおり　　　c. こらり　　　d. こごり

(p.72・問題Ⅰの解答)　1) d　2) d　3) b

水 2

漢字	読み	例
滝	たき	滝にうたれる　滝つぼ　ナイアガラの滝　汗が滝のように流れる
沼	ぬま／ショウ	沼地　泥沼にはまる　裁判が泥沼化する　湖沼
滴	しずく／したた-る／テキ	水滴　一滴の水
凍	こお-る／こご-える／トウ	道が凍る　手が凍える　冷凍する
瀬	せ	浅瀬を渡る　瀬戸内海　瀬戸際　立つ瀬がない
浄	ジョウ	空気を浄化する　政治を浄化する　空気清浄機　胃を洗浄する

【問題Ⅱ】＿＿＿の言葉を漢字で書くとき、最もよいものをa～dから一つ選びなさい。

1) <u>ぶたにく</u>は牛肉よりビタミンBが多く、疲れをとってくれる。
　　a. 羊肉　　　　b. 豚肉　　　　c. 鳥肉　　　　d. 猫肉

2) 彼は大学の農学部に入学し、<u>ぼくちく</u>を専門に学んだ。
　　a. 牧蓄　　　　b. 牧畜　　　　c. 木畜　　　　d. 木逐

3) 最後にこの調味料を一、<u>二てき</u>入れると、さらにおいしくなります。
　　a. 粒　　　　　b. 摘　　　　　c. 汁　　　　　d. 滴

(p.73・問題Ⅱの解答)　1) a　2) c　3) b

自然2

地質調査1

掘	ほーる クツ	トンネルを掘る　掘り返す
埋	うーめる　うーまる うーもれる マイ	電線を地中に埋める　穴を埋める　席が埋まる 車が雪に埋もれる　石油の埋蔵量　埋葬する
泥	どろ デイ	泥水　泥棒に入られる
炭	すみ タン	炭鉱の町　石炭
鉱	コウ	鉱物を発見する
銅	ドウ	会長の銅像

確認テスト

【問題Ⅰ】_____の言葉の読み方として適当なものをa～dから一つ選びなさい。

1) 大雨で泥水が家の中に入ってきました。
　　a. でいみず　　　b. つちみず　　　c. おみず　　　d. どろみず

2) 炭火で焼いた肉はガスで焼いたものよりおいしい。
　　a. たんび　　　b. すみび　　　c. ていび　　　d. すんび

3) 富士山のふもとにはたくさんの洞穴があり、中はとても暗い。
　　a. ほうけつ　　　b. ほらあな　　　c. どうあな　　　d. どうくつ

(p.74・問題Ⅰの解答)　1) a　2) a　3) b

挑戦編

地質調査 2
ちしつちょうさ

穴	あな ケツ	穴をあける 穴を埋める 穴を掘る 落とし穴 あな　　　　あな　う　　　あな　ほ　　　お　　あな 穴場 穴子 墓穴を掘る あなば　あなご　ぼけつ　ほ
洞	ほら ドウ	洞穴を探検する 空洞 洞察力 洞窟 ほらあな　たんけん　　　くうどう　どうさつりょく　どうくつ
巣	す ソウ	鳥が巣を作る ハチの巣 古巣に戻る とり　す　つく　　　　す　ふるす　もど 病巣を切除する びょうそう　せつじょ
層	ソウ	一層努力する 大層賢い 高層マンション いっそうどりょく　たいそうかしこ　こうそう 年齢層が高い ねんれいそう
塚	つか	塚 一里塚 貝塚 つか　いちりつか　かいづか

【問題Ⅱ】＿＿＿の言葉を漢字で書くとき、最もよいものをa〜dから一つ選びなさい。
もんだい　　　　ことば　かんじ　　　　　もっと　　　　　　　　　　ひと　えら

1) 庭に穴をほって、桜の木を植えた。
にわ　あな　　　　さくら　き　う
　　a. 空って　　　　b. 堀って　　　　c. 掘って　　　　d. 彫って

2) 渋谷駅前のハチ公のどうぞうの前で待ち合わせをした。
しぶや　　　　　こう　　　　　まえ　ま　あ
　　a. 銅像　　　　b. 同像　　　　c. 胴像　　　　d. 桐像

3) かいづかからたくさん魚の骨が発見され、当時の人々の様子を知ることができた。
　　　　　　　　　　　　　ほね　はっけん　　とうじ　ひとびと　ようす　し
　　a. 貝塚　　　　b. 貝使　　　　c. 貝束　　　　d. 貝柄

(p.75・問題Ⅱの解答) 1) b 2) b 3) d

自然 2
しぜん

第7週 4日目

災害 2
さいがい

漢字	読み	例
被	こうむ-る / ヒ	損害を被る　被害を受ける　被告　被服　被爆
壊	こわ-れる　こわ-す / カイ	パソコンが壊れる　古い建物を壊す　環境破壊 地震で家が全壊した　壊滅的な被害
傾	かたむ-く　かたむ-ける / ケイ	船が傾く　グラスを傾ける　耳を傾ける 傾向がある
崩	くず-れる　くず-す / ホウ	がけが崩れる　天気が崩れる　体調を崩す ビルが崩壊する　崩落　雪崩
噴	ふ-く / フン	エンジンが火を噴く　火山が噴火する 汗が噴き出す　不満が噴出する　噴水
炎	ほのお / エン	ろうそくの炎　炎に包まれる　寺が炎上する 炎天下　肺炎　炎症

確認テスト
かくにん

【問題Ⅰ】　＿＿＿の言葉の読み方として適当なものをa～dから一つ選びなさい。

1) 観客は、彼女の心を込めたスピーチに耳を<u>傾けた</u>。
   a. かたづけた　　b. かたむけた　　c. あずけた　　d. しむけた

2) 北海道は、早朝から<u>吹雪</u>になっているそうだ。
   a. ふくゆき　　b. すいせつ　　c. ふぶき　　d. ぶふき

3) 休日も休まずに働いていると、体を<u>壊して</u>しまいますよ。
   a. こわして　　b. くずして　　c. かいして　　d. ながして

(p.76・問題Ⅰの解答)　1) d　2) b　3) b

災害3
さいがい

漢字	読み	例
洪	コウ	洪水で家が流される　洪水警報
津	つ　シン	地震で津波が発生する　津波警報　津々浦々 彼の話に興味津々だ
波	なみ　ハ	波が荒い　津波　電波
荒	あ-れる　あ-らす　あら-い　コウ	波が荒い　気の荒い馬　試合が荒れる
激	はげ-しい　ゲキ	激しい雨　激しい競争　犯罪の激増 株の急激な下落　感激　刺激を与える　激励
吹	ふ-く　スイ	楽器を吹く　北風が吹く　吹雪

【問題Ⅱ】_____の言葉を漢字で書くとき、最もよいものをa～dから一つ選びなさい。

1) 大型台風の接近で海が<u>あれている</u>。
   a. 暴れている　　b. 粗れている　　c. 荒れている　　d. 浪れている

2) 最近未成年による犯罪が<u>げきぞう</u>している。
   a. 激増　　　　　b. 檄増　　　　　c. 逆増　　　　　d. 撃増

3) 台風による大雨で、がけが<u>くずれて</u>しまった。
   a. 萌れて　　　　b. 崩れて　　　　c. 萠れて　　　　d. 朋れて

(p.77・問題Ⅱの解答)　1) c　2) a　3) a

自然2

第7週 5日目

気候(きこう)

漢字	読み	例
乾	かわ-く　かわ-かす　カン	シャツが乾く　タオルを乾かす　乾杯する　乾電池
燥	ソウ	空気が乾燥する　乾燥機
湿	しめ-る　しめ-す　シツ	湿った空気　湿度が高い　湿気が多い
涼	すず-しい　すず-む　リョウ	涼しい朝　木の下で涼む
雷	かみなり　ライ	雷が鳴る　雷が落ちる　雷警報　雷雨　落雷　地雷を踏む　雷鳴
嵐	あらし	嵐が来る　嵐の前の静けさ　砂嵐

確認テスト

【問題Ⅰ】 ＿＿＿の言葉の読み方として適当なものをa～dから一つ選びなさい。

1) 今日は夏日だったので、干したＴシャツがたちまち<u>乾いた</u>。
   a. かばいた　　b. かわいた　　c. かまいた　　d. からいた

2) ハンカチは大丈夫だが、バスタオルはまだ<u>湿って</u>いる。
   a. しって　　b. ひたって　　c. しめって　　d. しつって

3) 初級の時は<u>動詞</u>の活用形を暗記したものだ。
   a. どうし　　b. とうし　　c. どうじ　　d. とうじ

(p.78・問題Ⅰの解答)　1) b　2) c　3) a

挑戦編

文化2
ぶんか

漢字	音	例
俳	ハイ	俳優　松尾芭蕉は江戸時代の俳人である
句	ク	俳句　句読点を打つ　文句　禁句　慣用句を覚える
詞	シ	名詞　動詞　形容詞　代名詞　副詞　助詞
詩	シ	詩を作る　詩人　詩集　漢詩　夏の風物詩
将	ショウ	将来の夢　将棋
覧	ラン	展覧会を催す　ご覧になる　観覧車　資料を回覧する　図書館の閲覧室

【問題Ⅱ】_____の言葉を漢字で書くとき、最もよいものをa〜dから一つ選びなさい。

1) 首や胸が<u>すずしい</u>ネックレス型扇風機というのがあるらしい。
　　a. 寒しい　　　　b. 鈴しい　　　　c. 椋しい　　　　d. 涼しい

2) 五、七、五の17音節で作る<u>はいく</u>は世界で最も短い詩である。
　　a. 兆句　　　　　b. 俳句　　　　　c. 排句　　　　　d. 琲句

3) <u>しょうらい</u>に希望が持てないなんて、悲しいことだ。
　　a. 招来　　　　　b. 生来　　　　　c. 将来　　　　　d. 請来

(p.79・問題Ⅱの解答)　1) c　2) a　3) b

第8週 1日目 健康2・人間関係2

健康2

漢字	読み	用例
睡	スイ	睡魔におそわれる　熟睡する　一睡もできない
眠	ねむ-る　ねむ-い　ミン	ぐっすり眠る　居眠りする　眠い　睡眠不足
喫	キツ	喫茶店に入る　喫茶コーナー　禁煙と喫煙
煙	けむ-る　けむり　けむ-い　エン	雨に煙る山　隣の家から煙が出ている　たばこの煙　部屋の中が煙い　喫煙所　館内禁煙　煙突
脂	あぶら　シ	脂の多い肉　脂が乗っている　脂汗をかく　脂身　脂質　油脂
肪	ボウ	腹部に脂肪がつく　脂肪太り　植物性の脂肪

確認テスト

【問題Ⅰ】_____の言葉の読み方として適当なものをa〜dから一つ選びなさい。

1) 大事な打ち合わせ中に<u>居眠り</u>して、部長に叱られた。
   a. きょねむり　　b. きょねいり　　c. いねむり　　d. いねいり

2) 隣の人のたばこの<u>煙</u>がとても気になる。
   a. けむい　　b. けむり　　c. けむる　　d. えん

3) 息子は<u>猫舌</u>で熱い食べ物が苦手だ。
   a. ねこした　　b. ねこじた　　c. ねこぜつ　　d. ねこせつ

(p.80・問題Ⅰの解答)　1) b　2) c　3) a

健康3
けんこう

脚	あし キャク　キャ	脚の線　机の脚　カメラの三脚　脚本 あし　せん　つくえ　あし　　　　さんきゃく　きゃくほん 脚色　失脚　脚光を浴びる　脚立 きゃくしょく　しっきゃく　きゃっこう　あ　　きゃたつ
眼	まなこ ガン　ゲン	ねぼけ眼　眼科　するどい眼光　眼中にない まなこ　がんか　　　　　　がんこう　　がんちゅう 着眼点　眼下に広がる海　大仏の開眼 ちゃくがんてん　がんか　ひろ　　うみ　だいぶつ　かいがん
舌	した ゼツ	舌を出す　猫舌　舌が肥えている　舌打ちする した　だ　　ねこじた　した　こ　　　　　　　したう 冗舌　毒舌 じょうぜつ　どくぜつ
髪	かみ ハツ	髪が長い　髪の毛　髪型を変える　前髪　金髪 かみ　なが　かみ　け　かみがた　か　　まえがみ　きんぱつ 長髪　間一髪 ちょうはつ　かんいっぱつ
肌	はだ	彼女は肌の色が白い　素肌のきれいな人　肌荒れ かのじょ　はだ　いろ　しろ　　すはだ　　　　ひと　はだあ 肌色　肌着　肌が合う はだいろ　はだぎ　はだ　あ

【問題Ⅱ】　　　　の言葉を漢字で書くとき、最もよいものをa〜dから一つ選びなさい。

1) 父の手術のことが心配で、夕べは<u>いっすい</u>もできなかった。
　　a. 一垂　　　　　b. 一搥　　　　　c. 一睡　　　　　d. 一陲

2) 最近、残業続きでは<u>はだ</u>が荒れてきた。
　　a. 肝　　　　　　b. 肌　　　　　　c. 胴　　　　　　d. 肢

3) ミュージシャンというと、<u>きんぱつ</u>の男性をイメージする。
　　a. 金浼　　　　　b. 金毛　　　　　c. 金発　　　　　d. 金髪

(p.81・問題Ⅱの解答)　1) d　2) b　3) c

第8週 2日目 健康2・人間関係2

美容(びよう)

漢字	読み	例
粧	ショウ	化粧(けしょう)をする　薄化粧(うすげしょう)　厚化粧(あつげしょう)　雪化粧(ゆきげしょう)
華	はな / カ ケ	彼女(かのじょ)には華(はな)がある　華(はな)やかな人　華々(はなばな)しい活躍(かつやく)　華道(かどう)　華美(かび)な服装(ふくそう)　華厳(けごん)の滝(たき)（栃木県日光市(とちぎけんにっこうし)）
鏡	かがみ / キョウ	鏡(かがみ)を見る　手鏡(てかがみ)　老眼鏡(ろうがんきょう)　鏡台(きょうだい)　眼鏡(めがね)
飾	かざ-る / ショク	花を飾(かざ)る　飾(かざ)りをつける　着飾(きかざ)る　店内を装飾(てんないをそうしょく)する　服飾(ふくしょく)デザイナー　修飾(しゅうしょく)する
紅	べに　くれない / コウ ク	口紅(くちべに)　紅茶(こうちゃ)　紅葉(こうよう)のシーズン　紅葉(もみじ)

確認(かくにん)テスト

【問題Ⅰ】　＿＿＿の言葉(ことば)の読(よ)み方(かた)として適当(てきとう)なものをa～dから一(ひと)つ選(えら)びなさい。

1) 名スピーチの後、盛大(せいだい)な拍手がおこった。
　　a. ひょうしゅ　　b. びょうしゅ　　c. ばくしゅ　　d. はくしゅ

2) 彼女(かのじょ)は服飾の勉強(べんきょう)をするためにファッションの専門学校(せんもんがっこう)に進学(しんがく)した。
　　a. ふくしょく　　b. ふくじょく　　c. ふくしょう　　d. ふくじょう

3) 紅葉のシーズンには、この周辺(しゅうへん)は観光客(かんこうきゃく)でいっぱいになる。
　　a. こうよう　　b. ほうよう　　c. べによう　　d. べには

(p.82・問題Ⅰの解答)　1) c　2) b　3) b

挑戦編

出産
しゅっさん

漢字	読み	例
妊	ニン	妊婦に席をゆずる　不妊治療を受ける　懐妊
娠	シン	妊娠する　妊娠5カ月の健診に行く
双	ふた / ソウ	双子の赤ちゃん　双方の意見をきく
誕	タン	誕生日おめでとう　誕生する　誕生パーティー 生誕100年
脈	ミャク	脈を取る　動脈　静脈　山脈　文脈 広い人脈を持つ
拍	ハク　ヒョウ	拍とアクセント　脈拍が速い　心拍数 盛大な拍手　人気に拍車をかける　三拍子の曲

【問題Ⅱ】_____の言葉を漢字で書くとき、最もよいものをa〜dから一つ選びなさい。

1) 妻は今にんしん7カ月で、おなかが大きくなってきた。
　　a. 妊娠　　　　b. 任神　　　　c. 姙新　　　　d. 王辰

2) そうほうの意見を聞いてから決めましょう。
　　a. 又方　　　　b. 相方　　　　c. 双方　　　　d. 互方

3) 浴室のかがみの汚れは、いくらこすっても落ちない。
　　a. 境　　　　　b. 鏡　　　　　c. 硯　　　　　d. 鐘

(p.83・問題Ⅱの解答)　1) c　2) b　3) d

健康2・人間関係2

診察2

看	カン	看病をする 献身的な看護 看護師 看守 看板 かんびょう けんしんてき かんご かんごし かんしゅ かんばん
患	わずら-う カン	病院の患者 びょういん かんじゃ
視	シ	視力検査 近視 視覚 視聴者 視線を感じる しりょくけんさ きんし しかく しちょうしゃ しせん 視野を広げる 監視 視察 重視 疑問視する しや ひろ かんし しさつ じゅうし ぎもんし
刺	さ-さる さ-す シ	魚の骨が刺さる ナイフで刺す 刺し身 刺激する さかな ほね さ さ さ み しげき 名刺 めいし
菌	キン	細菌 ばい菌 病原菌を発見する 無菌室 殺菌 さいきん きん びょうげんきん はっけん むきんしつ さっきん 除菌スプレー じょきん
剤	ザイ	錠剤を服用する 薬剤師 下剤 ビタミン剤 じょうざい ふくよう やくざいし げざい ざい 洗剤 殺虫剤 せんざい さっちゅうざい

確認テスト

【問題Ⅰ】＿＿＿＿の言葉の読み方として適当なものをa～dから一つ選びなさい。

1) <u>患者</u>には身体的なケアだけではなく、精神的なケアも必要だ。
 a. かんしゃ   b. かんじゃ   c. びょうしゃ   d. ぼうじゃ

2) 目がまわるほど忙しい。<u>誰</u>か手伝ってほしい。
 a. たれか   b. どれか   c. とれか   d. だれか

3) 田中さん親子は体型も顔もよく<u>似</u>ている。
 a. にて   b. いて   c. じて   d. ひて

(p.84・問題Ⅰの解答) 1) d 2) a 3) a

仲間3
なかま

僕	ボク	君と僕　下僕　政治家は公僕である
誰	だれ	誰もいない部屋　誰か助けて
偶	グウ	偶数　配偶者　偶然に再会する　土偶
孫	まご / ソン	可愛い孫　子孫
祖	ソ	祖父と祖母　祖先　先祖
似	に-る / ジ	似ている親子　似合いのカップル

【問題Ⅱ】_____の言葉を漢字で書くとき、最もよいものをa～dから一つ選びなさい。

1) 子どもが高熱を出したので、一晩中かんびょうをした。
   a. 看病　　　　b. 慣病　　　　c. 緩病　　　　d. 観病

2) 運転免許更新のために、しりょく検査を受けた。
   a. 見力　　　　b. 眼力　　　　c. 資力　　　　d. 視力

3) 最近外食が多いので、ビタミンざいで栄養のバランスを取っている。
   a. ビタミン済　　b. ビタミン斉　　c. ビタミン剤　　d. ビタミン薬

(p.85・問題Ⅱの解答)　1) a　2) c　3) b

健康2・人間関係2

第8週 4日目

サスペンス3

殴	なぐ-る　オウ	棒で殴る　酔った男が駅員を殴った　殴打する
叫	さけ-ぶ　キョウ	大声で叫ぶ　世界平和を叫ぶ　叫び声
怖	こわ-い　フ	怖い先生　姉は怖がりだ　恐怖映画
嫌	きら-う　いや　ケン　ゲン	人込みを嫌う　負けず嫌いな性格　嫌な仕事　嫌がる子ども　自己嫌悪　機嫌がいい
憎	にく-む　にく-い　にく-らしい　にく-しみ　ゾウ	敵を憎む　犯人が憎い　憎らしい人
恥	は-じる　は-じらう　は-ずかしい　はじ　チ	恥ずかしい行動　恥ずかしがり屋

確認テスト

【問題Ⅰ】_____の言葉の読み方として適当なものをa〜dから一つ選びなさい。

1）夜中に外で男の叫び声が聞こえた。
　　a. よび　　　　b. さけび　　　　c. あび　　　　d. まなび

2）作文の宿題を提出し、先生に誤りを正してもらった。
　　a. あやまり　　b. まちがい　　　c. こまり　　　d. にぎり

3）緊急事態の時は、全体の状況を把握することが大切です。
　　a. にぎり　　　b. つかみ　　　　c. はあく　　　d. りかい

（p.86・問題Ⅰの解答）1）b　2）d　3）a

サスペンス 4

誤	あやま-る ゴ	判断を誤る　誤りを正す　誤字　誤差を修正する
謝	あやま-る シャ	手紙で謝る　親に感謝する　感謝を込める
励	はげ-む　はげ-ます レイ	練習に励む　仲間を励ます　声援が励みになる 留学を奨励する　首相が選手団を激励する
冗	ジョウ	冗談を言う　冗談じゃない　彼の話は冗長だ
握	にぎ-る アク	手を握る　握り寿司　一握りの選ばれた人たち 握手をする　状況を把握する
絶	た-える　た-やす　た-つ ゼツ	絶えず気にする　絶対に正しい

【問題Ⅱ】　_____の言葉を漢字で書くとき、最もよいものをa～dから一つ選びなさい。

1) 映画は好きだが、<u>きょうふ</u>映画はちょっと…。
　　a. 怖恐　　　　　b. 狂怖　　　　　c. 恐怖　　　　　d. 叫怖

2) 裏切ったあの人を<u>にくむ</u>気持ちは今も同じだ。
　　a. 妬む　　　　　b. 憎む　　　　　c. 悔む　　　　　d. 恨む

3) 球技大会で優勝するために、選手はみんな練習に<u>はげん</u>でいる。
　　a. 激んで　　　　b. 励んで　　　　c. 恥んで　　　　d. 功んで

(p.87・問題Ⅱの解答)　1) a　2) d　3) c

健康2・人間関係2

第8週 5日目

宴会1
えんかい

漢字	読み	例
宴	エン	宴会を開く　宴会場　披露宴　宴もたけなわ
催	もよお-す サイ	歓迎会を催す　催し物　催事場　開催する 主催者　返事を催促する　催眠術
渇	かわ-く カツ	のどが渇く　渇水　平和を渇望する
酌	く-む シャク	お酌をする　晩酌する　手酌する　酒を酌み交わす 気持ちを酌みとる
泡	あわ ホウ	ビールの泡　泡が立つ　泡風呂　口から泡を吹く 水泡　気泡
吐	は-く ト	息を吐く　吐き気がする　吐血する　嘔吐

確認テスト

【問題Ⅰ】＿＿＿の言葉の読み方として適当なものをa～dから一つ選びなさい。

1）忘年会の<u>宴会場</u>を予約した。
　　a. えんかいじょう　b. ようかいじょう　c. へんかいじょう　d. よっかいじょう

2）となりのビル工事の<u>騒音</u>に悩まされている。
　　a. どうおん　　　b. しょうおん　　c. ぞうおん　　　d. そうおん

3）雨で試合開始が一時間<u>延びて</u>しまった。
　　a. えびて　　　　b. こびて　　　　c. さびて　　　　d. のびて

(p.88・問題Ⅰの解答)　1) b　2) a　3) c

宴会2
えんかい

漢字	読み	用例
騒	さわ-ぐ / ソウ	皆で騒ぐ　外が騒がしい　騒ぎ声　騒音 物騒な世の中だ　騒動
延	の-びる　の-ばす　の-べる / エン	大会が延びる　出発を延ばす　旅行を延期する 試合を延長する
超	こ-える　こ-す / チョウ	十万人を超える　限度を超す　超過料金　超特急
更	さら　ふ-ける　ふ-かす / コウ	更に調べる　夜が更ける　ビザを更新する 日程を変更する
徹	テツ	徹夜で勉強する　徹底的に調べる
憶	オク	記憶する　記憶がない　記憶喪失　追憶

【問題Ⅱ】_____の言葉を漢字で書くとき、最もよいものをa～dから一つ選びなさい。

1) ゴッホの美術展は10月10日から<u>かいさい</u>される。
　　a. 開際　　　　b. 開催　　　　c. 開崔　　　　d. 開祭

2) のどが<u>かわいた</u>ので、スポーツドリンクを飲んだ。
　　a. 乾いた　　　b. 渇いた　　　c. 燥いた　　　d. 干いた

3) 明日は期末テストだから<u>てつや</u>で勉強しなくちゃ。
　　a. 徹夜　　　　b. 鉄夜　　　　c. 撤夜　　　　d. 哲夜

(p.89・問題Ⅱの解答)　1) c　2) b　3) b

社会2・地名(ちめい)

第9週 1日目

文化3(ぶんか)

漢字	読み	例
踊	おど-る おど-り ヨウ	ステージで踊(おど)る　盆踊(ぼんおど)り
像	ゾウ	将来(しょうらい)を想像(そうぞう)する　写真(しゃしん)を現像(げんぞう)する　ニュース映像(えいぞう)　きれいな画像(がぞう)
殿	との どの デン テン	山田一郎殿(やまだいちろうどの)　殿様(とのさま)　神殿(しんでん)
坊	ボウ ボッ	お坊(ぼう)さん　坊(ぼう)や　赤(あか)ん坊(ぼう)の泣(な)き声(ごえ)　寝坊(ねぼう)する　坊(ぼっ)ちゃん
跡	あと セキ	大(おお)きな足跡(あしあと)　火傷(やけど)の跡(あと)　遺跡(いせき)
祈	いの-る キ	成功(せいこう)を祈(いの)る　朝晩(あさばん)お祈(いの)りをする

確認(かくにん)テスト

【問題(もんだい)Ⅰ】＿＿＿の言葉(ことば)の読(よ)み方(かた)として適当(てきとう)なものをa～dから一(ひと)つ選(えら)びなさい。

1) スピード違反(いはん)で15000円も罰金を取(と)られた。
   a. ばちきん　　b. ばっきん　　c. ぼちきん　　d. ぼっきん

2) 友人は殺人事件(さつじんじけん)を捜査する警察官(けいさつかん)だ。
   a. そうさ　　b. どうさ　　c. ちょうさ　　d. しょうさ

3) 夕べ降(ふ)った雪(ゆき)の上に、大きな足跡が残(のこ)っていた。
   a. そくあと　　b. あしあと　　b. そくしょう　　d. あしおと

(p.90・問題Ⅰの解答)　1) a　2) d　3) d

犯罪(はんざい)

刑	ケイ	刑に服する　刑法　刑事　死刑　処刑 実刑判決が下る
罰	バツ　バチ	罪と罰　刑罰　法律で罰する　罰則　罰金 罰が当たる
盗	ぬす-む トウ	パスポートを盗む　盗難にあう　銀行強盗
捜	さが-す ソウ	犯人を捜す　イヤリングの片方を捜す　捜査
裁	さば-く　た-つ サイ	人を裁く　裁判　布地を裁つ　裁ちばさみ　裁縫 けんかを仲裁する　独裁者　体裁を整える
放	はな-す　はな-つ はな-れる　ほう-る ホウ	犬を放す　ハンドルから手を放す　放送する 市民ホールを開放する　解放する

【問題Ⅱ】＿＿＿の言葉を漢字で書くとき、最もよいものをa〜dから一つ選びなさい。

1) <u>しけい</u>制度に関しては、いろいろな意見がある。
   a. 死型　　　　b. 死刑　　　　c. 死形　　　　d. 死頸

2) 今度のお正月に、ギリシャのパルテノン<u>しんでん</u>を見に行く予定だ。
   a. 神澱　　　　b. 神殿　　　　c. 神展　　　　d. 神伝

3) この市民ホールの無料<u>かいほう</u>は土日だけだ。
   a. 開方　　　　b. 開放　　　　c. 開訪　　　　d. 開倣

(p.91・問題Ⅱの解答)　1) b　2) b　3) a

社会２・地名

第９週 ２日目

政治２

統	す-べる トウ	天下統一　国を統治する 伝統を守る　部署を統合する　統計をとる
衆	シュウ　シュ	衆議院　民衆　大衆　観衆　聴衆　群衆を率いる アメリカ合衆国
秩	チツ	秩序を乱す　社会の秩序を守る
序	ジョ	順序よく並ぶ　年功序列　序文を書く オペラの序曲
閣	カク	新内閣が発足した　閣僚　入閣　閣議が開かれる 神社仏閣　京都の金閣寺
批	ヒ	政府を批判する　批評家

確認テスト

【問題Ⅰ】_____の言葉の読み方として適当なものをa～dから一つ選びなさい。

1) パスポートを失くした時、領事館が近くにあって助かった。
　　a. そうじかん　　b. りょうじかん　　c. しょうじかん　　d. たいしかん

2) 日本の国会には衆議院と参議院がある
　　a. さんぎいん　　b. しゅうぎいん　　c. じゅうぎいん　　d. しゅぎいん

3) 秩序を乱すような行動はやめましょう。
　　a. ちつじょ　　b. しつじょ　　c. じつじょ　　d. けつじょ

(p.92・問題Ⅰの解答)　1) b　2) a　3) b

挑戦編

月　　日　／6

軍事 1
ぐんじ

漢字	読み	例
敵	かたき / テキ	敵味方に分かれる　敵を討つ　敵対する　強敵 無敵　宿敵　油断大敵　匹敵する
砲	ホウ	大砲を撃つ　発砲する　砲台　海上から砲撃する 鉄砲　祝砲　空砲　集中砲火を浴びせる
領	リョウ	領収書　日本領事館　要領がいい　大統領 フランス領
侵	おかーす / シン	国境を侵す　敵国に侵攻する　隣国を侵略する 権利を侵害する　不法に侵入する
銃	ジュウ	銃を撃つ　銃口を向ける　機関銃　激しい銃撃戦 銃弾を受ける　短銃　拳銃
核	カク	核兵器を撤廃する　非核三原則　核心に迫る 組織の中核　核家族　結核

【問題Ⅱ】＿＿＿の言葉を漢字で書くとき、最もよいものをa〜dから一つ選びなさい。

1) じゅうを持った犯人を数人の警官が追いかけていった。
　　a. 鉛　　　　　b. 鉄　　　　　c. 銃　　　　　d. 銀

2) かく兵器のない世界を目指して、全世界が協力するべきだ。
　　a. 各　　　　　b. 核　　　　　c. 閣　　　　　d. 撹

3) ついに新しいないかくが発足した。
　　a. 内各　　　　b. 内格　　　　c. 内閣　　　　d. 内関

(p.93・問題Ⅱの解答)　1) b　2) b　3) b

社会2・地名

第9週 3日目

軍事2

漢字	読み	例
護	ゴ	迷子を保護する　援護　弁護士　病人を看護する　介護
衛	エイ	首相を護衛する　自衛する　防衛　衛兵　守衛　食品衛生　人工衛星
盟	メイ	同盟を結ぶ　国連に加盟する　国際サッカー連盟
隊	タイ	隊員　自衛隊に入隊する　軍隊　部隊　兵隊　隊長　探検隊
屈	クツ	権力に屈する　屈伸運動　不屈の精神　退屈　屈強な若者　屈折
厳	きび-しい　おごそ-か　ゲン　ゴン	厳しい先生　厳しい規則　寒さが厳しい　厳かな雰囲気　厳重に注意する　厳密に検査する

確認テスト

【問題Ⅰ】＿＿＿の言葉の読み方として適当なものをa～dから一つ選びなさい。

1) 埼玉県は首都圏のベッドタウンとして栄えている。
   a. さきたま　　b. ざきたま　　c. ざいたま　　d. さいたま

2) 自衛隊は災害派遣における活動も行っている。
   a. じえいたい　b. じれんたい　c. じようたい　d. じこうたい

3) FIFA は国際サッカー連盟の略称だ。
   a. れんどう　　b. れんみょう　c. れんごう　　d. れんめい

(p.94・問題Ⅰの解答)　1) b　2) b　3) a

挑戦編

地名 1

阪	ハン	阪神　京阪　大阪府
埼	さい	埼玉県　埼京線
栃	とち	栃木県
茨	いばら	茨城県　茨の道
群	む-れる　む-れ　むら　グン	群馬県　群れをつくる　羊の群れ

【問題Ⅱ】＿＿＿＿の言葉を漢字で書くとき、最もよいものをa～dから一つ選びなさい。

1) おおさかは「食の台所」と言われるほど、おいしい食べ物がたくさんある。
　　a. 大坂　　　　b. 大阪　　　　c. 大板　　　　d. 大反

2) 決して権力にくっしてはいけない。
　　a. 屈して　　　b. 堀して　　　c. 掘して　　　d. 窟して

3) 今年の夏はきびしい暑さが続くそうだ。
　　a. 勇しい　　　b. 寂しい　　　c. 厳しい　　　d. 辛しい

(p.95・問題Ⅱの解答）　1) c　2) b　3) c

社会２・地名

地名２

鹿	しか　か	鹿の角　子鹿　鹿児島県
奈	ナ	奈良県　神奈川県
媛	エン	才媛　愛媛県
阜	フ	岐阜県

確認テスト

【問題Ⅰ】_____の言葉の読み方として適当なものをa～dから一つ選びなさい。

1) 鹿児島県にある桜島は噴火により陸続きとなった。
　　a. ふくしま　　　b. かごしま　　　c. ひろしま　　　d. しかごしま

2) 宮崎県は温暖でとても過ごしやすい所だ。
　　a. みやぎ　　　b. みやざき　　　c. みやさき　　　d. みやき

3) 鳥取県には日本一大規模な砂丘がある。
　　a. さきゅう　　　b. さおか　　　c. さしゅう　　　d. さどか

（p.96・問題Ⅰの解答）　1) d　2) a　3) d

地名３

岡	おか	岡山県　福岡県　静岡県
梨	なし	梨　山梨県
崎	さき	高崎市　宮崎県
丘	おか キュウ	丘　丘陵　砂丘
丁	チョウ　テイ	東京都渋谷区渋谷二丁目　丁寧に教える 丁寧なことばで話す　丁重にお断りする

【問題Ⅱ】_____の言葉を漢字で書くとき、最もよいものをa〜dから一つ選びなさい。

1) <u>なら</u>は、3つの世界遺産に登録されている県だ。
 a. 奈良   b. 那良   c. 菜良   d. 茄良

2) 富士山は山梨県と<u>しずおか</u>県の間に位置している。
 a. 静丘   b. 静浜   c. 静岡   d. 静岡

3) 私の通う日本語学校は渋谷の<u>にちょうめ</u>にある。
 a. 二丘目   b. 二丁目   c. 二庁目   d. 二十目

(p.97・問題Ⅱの解答)　1) b　2) a　3) c

チャレンジ

第9週 5日目

【1】次の漢字はどう読みますか。正しいほうに○をつけなさい。

1) 環境問題　（　かんきょうもんだい　・　かんぎょうもんだい　）
2) 修学旅行　（　しゅがくりょこう　・　しゅうがくりょこう　）
3) 民間企業　（　みんかんきぎょう　・　びんかんきぎょう　）
4) 街頭演説　（　まちとうえんぜつ　・　がいとうえんぜつ　）
5) 交通渋滞　（　こうつうじゅうたい　・　こうつうしぶたい　）
6) 先端技術　（　せんさんぎじゅつ　・　せんたんぎじゅつ　）
7) 安全装置　（　あんぜんそうち　・　あんぜんしょうち　）
8) 集中放火　（　しゅうちゅうほうか　・　しゅうちゅうほか　）
9) 恐怖映画　（　きょうふええが　・　きょうふえいが　）
10) 神社仏閣　（　じんじゃぶっかく　・　じんじゃぶとかく　）

【2】次の漢字はどう書きますか。正しいほうに○をつけなさい。

1) りがいかんけい　（　利害関係　・　利外関係　）
2) せいとしどう　（　生徒指導　・　生徒指動　）
3) さいてんきじゅん　（　採点基準　・　採点規準　）
4) きょぜつはんのう　（　拒絶反応　・　巨絶反応　）
5) じゅうおうむじん　（　従横無尽　・　縦横無尽　）
6) さんぎょうかくめい　（　産業革命　・　産業核命　）
7) せいせんしょくひん　（　生彩食品　・　生鮮食品　）
8) ゆだんたいてき　（　油断大敵　・　油断大適　）
9) じんこうえいせい　（　人工衛星　・　人工映星　）
10) ぎんこうごうとう　（　銀行強董　・　銀行強盗　）

【3】たて・よこに意味のある熟語になるように、□から漢字を選んで、空欄に書きなさい。

| 鏡 | 閣 | 純 | 決 | 即 | 触 | 害 | 策 | 家 |

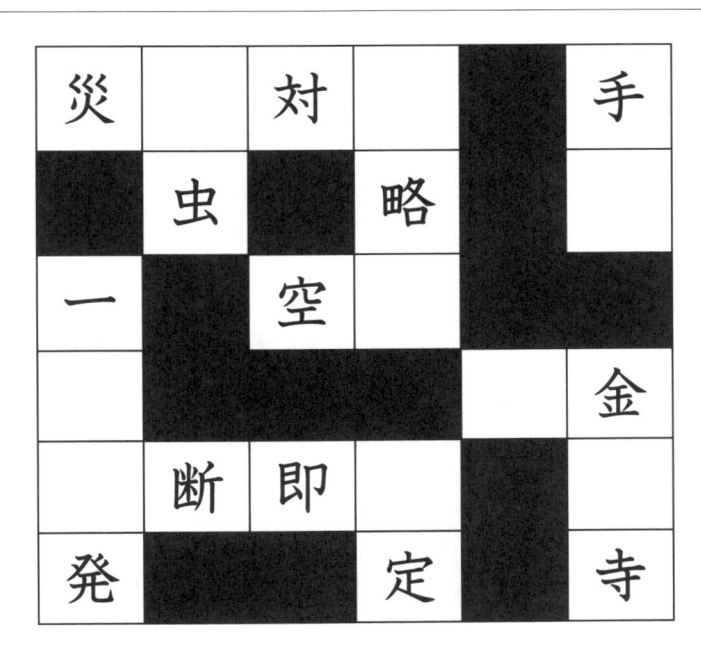

パズル盤の文字配置：
- 1行目：災 _ 対 _ ■ 手
- 2行目：■ 虫 ■ 略 ■ _
- 3行目：一 _ 空 _ ■ ■
- 4行目：_ ■ ■ ■ _ 金
- 5行目：_ 断 即 _ ■ _
- 6行目：発 ■ 定 ■ 寺

● 第4週5日目　チャレンジの解答

【1】 1）ゆうびんきょくいん　2）いほうちゅうしゃ　3）ばいうぜんせん
　　 4）しんりょうじかん　5）たいおんちょうせつ　6）しゅうしょくじょうきょう
　　 7）そうごりかい　8）きゅうえんぶっし　9）かたがわしゃせん　10）しょうがいじけん

【2】 1）賃貸契約　2）因果関係　3）景気回復　4）営業成績　5）損害保険
　　 6）緊急事態　7）気象情報　8）定期購読　9）精密機器　10）疲労骨折

【3】 1）各駅停車　2）暴飲暴食　3）起承転結　4）症状　5）訪問者
　　 6）国際結婚　7）健康診断　8）自動販売機　9）出版社　10）身分証明書

● 第9週5日目　チャレンジの解答

【1】 1）かんきょうもんだい　2）しゅうがくりょこう　3）みんかんきぎょう
　　 4）がいとうえんぜつ　5）こうつうじゅうたい　6）せんたんぎじゅつ
　　 7）あんぜんそうち　8）しゅうちゅうほうか　9）きょうふえいが
　　 10）じんじゃぶっかく

【2】 1）利害関係　2）生徒指導　3）採点基準　4）拒絶反応　5）縦横無尽
　　 6）産業革命　7）生鮮食品　8）油断大敵　9）人工衛星　10）銀行強盗

【3】

災	害	対	策		手	
	虫		略		鏡	
一		空	家			
触				純	金	
即	断	即	決		閣	
発			定		寺	

語彙

第1週 1日目　動詞　気持ち（1）

あきらめる　　夢をあきらめる　途中であきらめる

女優になる夢をあきらめて、田舎へ帰った。
She gave up her dream to be an actress, and went back to her hometown.
她放弃当演员的梦，回到了故乡。

飽きる　　ゲームに飽きる　飽きるほど食べる

一日中ずっとゲームをしていたから飽きてしまった。
I have been playing the game all day, so I got tired of it.
打了一天游戏，打腻了。

あきれる　　あきれて何も言えない　あきれた顔

一人でケーキを5つも食べている姉にはあきれて何も言えない。
I am struck speechless by my sister eating five pieces of cake all by herself.
姐姐一个人竟吃了五个蛋糕，令我惊讶得瞠目结舌，出不出话来。

あこがれる　　パイロットにあこがれる　都会にあこがれる

パイロットにあこがれて航空会社に就職した。
I have been dreaming of becoming a pilot, so I got a job at an airline company.
我一心想成为飞行员，于是就进入了航空公司工作。

甘やかす　　子どもを甘やかす　甘やかされて育つ

あの女優は息子を甘やかしすぎた。
The actress spoiled her son too much.
那个女演员对儿子太娇惯了。

疑う（うたがう）
本当かどうか疑う　犯人だと疑う

みんなは高橋さんの話が本当かどうか疑っている。
Everybody is skeptical of Mr. Takahashi's story.
大家都很怀疑高桥说的话。

敬う（うやまう）
お年寄りを敬う　神を敬う

お年寄りを敬う気持ちを忘れてはいけない。
Do not forget to respect the elderly.
不要忘记要尊重老人。

うらむ
親をうらむ　世の中をうらむ

子どものころは貧乏だったので、親をうらんだこともあった。
Because I was poor growing up, I sometimes resented my parents.
小时候因为穷，曾抱怨过父母。

思い込む（おもいこむ）（→〜込む p.280）
正しいと思い込む　すっかり思い込んでいる

教科書に書いてあることは正しいと思い込んでいた。
I assumed that what I read in textbooks was all true.
我以为课本里写的内容都是正确的。

思い付く（おもいつく）（→〜付く p.281）
いいことを思い付く　突然思い付く

橋本さんは突然いいことを思い付いたと言って部屋から出て行った。
Mr. Hashimoto said that he had suddenly came up with a good idea, and went out of the room.
桥本突然说想出好注意了，说完就从房间出去了。

抱える（かか） 問題を抱える　かばんを抱える

この病院では医者不足という問題を抱えている。
This hospital has a doctor shortage problem.
这家医院存在着医生匮乏的问题。

かわいがる 犬をかわいがる　先生にかわいがられる

景子ちゃんがかわいがっていた犬がいなくなってしまった。
The dog Keiko took care of has died.
景子疼爱的狗死了。

気付く（きづ） 間違いに気付く　人の優しさに気付く

テストを提出してすぐに間違いに気付いた。
I noticed that I made a mistake as soon as I handed in the test.
我把试卷交上后，才发现做错了。

気に入る（きい） この店が気に入る　気に入っている帽子

最近このパン屋が気に入っていて、よく買いに来る。
This bakery is my recent favorite, and I often come here to buy some bread.
我最近喜欢上了这家面包店，经常来买。

好む（この）　(→好み p.201) クラシック音楽を好む　甘いものを好む

父はクラシック音楽を好んでよく聞いていた。
My father used to like to listen to classical music.
爸爸因为喜欢古典音乐，所以经常听。

確認テスト

第1週1日目　動詞　気持ち(1)

月　日　／10

【問題Ⅰ】　正しいものに○をつけなさい。

1) 出張は来週の水曜日だと { a. 思い込んでいた　b. 思い付いていた } が、今週の水曜日だった。
2) 昔、先生はみんなから { a. かわいがられていた　b. 敬われていた } が、最近はそんなことはないと言われる。
3) 彼は私が嘘をついているのではないかと { a. 疑っている　b. うらんでいる }。
4) 胸の前にかばんを { a. 抱えて　b. 好んで } 満員電車に乗った。
5) このレストランはおいしい。とても { a. 気付いた　b. 気に入った }。

【問題Ⅱ】　(　)に入る適当な言葉を□から選びなさい。
同じ言葉は一度しか使えません。

| あきらめた　飽きた　あきれた　あこがれた　甘やかした |

1) また遅刻した私を先生は(　　　　)顔で見ていた。
2) 小さいころに(　　　　)職業のアンケート調査をした。
3) 値段が高かったので新しいパソコンを買うのは(　　　　)。
4) 親が(　　　　)から、あいつはわがままな性格になったんだ。
5) 同じ作業をずっと繰り返す仕事はもう(　　　　)。

(p.282・確認テストの解答)　問題Ⅰ　1) b　2) a　3) a　4) b　5) b
問題Ⅱ　1) 消した／消す　2) 立っ　3) 付い　4) 越し　5) 回っ

第1週 2日目 動詞 気持ち（2）

信じる　神を信じる　無事を信じる

私は小さいときから神様を信じている。
I have believed in God since my childhood.
我小时侯曾相信神灵的存在。

勧める　留学を勧める　お茶を勧める

大学の先生が日本への留学を勧めてくれた。
My university teacher recommended that I study in Japan.
大学的老师建议我去日本留学。

ためらう　転職するかどうかためらう　実行をためらう

転職するかどうかためらっているうちに世界中が不景気になった。
While I was hesitating to change my job, the recession hit the world.
正在犹豫是否换工作时，世界经济走向了低迷。

頼る　親に頼る　薬に頼る

30歳以上でも経済面で親に頼る人が増えている。
There is an increasing number of people above 30 years of age who still financially depend on their parents.
30岁以上但在经济上还依靠父母的人在逐渐增加。

誓う　愛を誓う　神に誓う

私たちは結婚式で永遠の愛を誓った。
We took vows of love at our wedding.
我们在婚礼上发了要永远相爱的誓言。

慰める（なぐさ）　友だちを慰める　心を慰める

子どものときから音楽が私の心を慰めてくれた。
Music has been soothing my heart since I was a child.
从小时起，一直是音乐安慰我的心灵。

悩む（なや）　仕事のことで悩む　進学するか悩む

兄は仕事のことで悩んでいるようだ。
My brother seems to be distressed about his job.
哥哥好像有工作上的烦恼。

望む（のぞ）　会いたいと望む　大統領に望むこと

5歳のときにいなくなった父に会いたいと望む。
I wish that I could see my father, who died when I was five.
我希望能和5岁时就不在的爸爸见面。

任せる（まか）　リーダーを任せる　将来を任せる

新しいプロジェクトのリーダーを佐藤さんに任せることにした。
I decided to entrust the leader position of the new project to Mr. Sato.
让佐藤担任新项目的负责人。

守る（まも）　国を守る　規則を守る

この映画の主人公は国を守るために戦った。
The main character of this movie fought to protect the country.
这部电影的主角为了保卫国家而战斗。

109

迷う（まよ）　どれを買えばいいか迷う　道に迷う

携帯電話は種類がたくさんあるので、どれを買えばいいか迷ってしまう。
I waver over choosing my new cell phone because there are so many kinds.
手机的品种太丰富了，我不知道该选 哪个好。

認める（みと）　休暇を認める　自分が悪かったと認める

来週の休暇を部長に認めてもらった。
My manager has approved my taking a holiday next week.
部长同意我下周休假了。

目指す（めざ）　ゴールを目指す　年内完成を目指す

マラソン大会ではゴールを目指して一生懸命走った。
I ran to the finish line as fast as I could in the marathon.
在马拉松大会上，我向着终点拼命地跑。

求める（もと）　助けを求める　説明を求める

池に落ちたとき、大きい声を出して助けを求めた。
When I fell into the pond, I cried out for help.
我掉入池塘时，大声地求助了。

許す（ゆる）　外出を許す　心を許した友人

入院中の祖母は外出が許されたので喜んでいる。
My grandmother, who has been staying in a hospital, is happy to hear that she is allowed to go out.
在住院的祖母，因获得外出的同意很 高兴。

第1週2日目　　動詞　気持ち（1）

確認テスト

月　　日　／10

【問題Ⅰ】　正しいものに○をつけなさい。

1) 部長に相談したほうがいいかどうか { a. 迷っている　b. 求めている }。
2) 2か月入院して、やっと医者から退院を { a. 信じられた　b. 許された }。
3) この映画はとてもおもしろいからみんなに { a. 勧めたい　b. 望みたい }。
4) 画家のゴッホは死んでから才能が { a. 慰められた　b. 認められた }。
5) 妹はお金がなくなるといつも私に { a. 頼って　b. 悩んで } くる。

【問題Ⅱ】　（　）に入る言葉を □ から選び、て形にして書きなさい。
　　　　　同じ言葉は一度しか使えません。

ためらう　誓う　任せる　守る　目指す

1) 選手達はあきらめないで最後まで戦おうと（　　　　　）から試合を始めた。
2) この仕事はぜひ私に（　　　　　）ください。
3) 彼女は漫画家を（　　　　　）勉強している。
4) レポートは期限を（　　　　　）提出してください。
5) 一人暮らしが楽しいので、プロポーズの返事を（　　　　　）しまう。

(p.107・確認テストの解答)　問題Ⅰ　1) a　2) b　3) a　4) a　5) b
問題Ⅱ　1) あきれた　2) あこがれた　3) あきらめた　4) 甘やかした　5) 飽きた

111

動詞　物の状態・動き（1）

第1週 3日目

当たる　　石が当たる　　天気予報が当たる

兄は小さいとき、頭に石が当たって大けがをした。
When my brother was little, his head was seriously injured by a rock.
哥哥小时候，被石头砸伤了头，受了很重的伤。

あてはまる　　条件にあてはまる　　あてはまる言葉

条件にあてはまる人はぜひ応募してください。
If you satisfy these requirements, please apply for this job.
符合条件的人士请一定报名参加。

移る　　首都が移る　　2ページ目に移る

首都がボンからベルリンに移った。
The national capital was moved from Bonn to Berlin.
将首都从波恩迁移到了柏林。

輝く　　星が輝いている　　希望に輝いていた

空に星が輝いている。
Stars are shining in the sky.
星星在夜空闪烁着。

隠れる　　ベッドの下に隠れる　　隠れた才能

子どもがベッドの下に隠れているよ。
The child is hiding under the bed.
孩子藏在床下呢。

欠ける（か）
皿が欠ける　優しさが欠けている

この皿は欠けていて危ない。
This dish has a chip, so watch out.
这个碟子有缺口，很危险。

重なる（かさ）
紙が重なっている　悪いことが重なる

紙が重なっていたので、2枚目に気付かなかった。
I did not notice the second sheet because these paper sheets were stacked together.
纸重叠在一起了，第二张纸我没发觉。

固まる（かた）
チョコレートが固まる　気持ちが固まる

チョコレートが固まっていないので、これはまだ食べられない。
You cannot eat this because the chocolate has not set yet.
巧克力没凝固，还不能吃。

傾く（かたむ）
建物が傾く　心が傾く

この建物は傾いていて危険なため入れない。
This building is tilted and may be dangerous, so do not go in.
这座建筑物已倾斜，很危险不能入内。

枯れる／かれる（か）
花が枯れる　池がかれる

花が枯れないように毎日水をやる。
I water the plant every day so that the flowers don't wither.
为了不让花枯萎，我每天给它浇水。

効く（きく）　薬が効く　叱られたのが効く

頭痛がすぐに治った。この薬はよく効く。
My headache is already gone. This medication worked very well.
头疼很快就治好了，这个药真有效。

腐る（くさる）　食べ物が腐る　腐るほどある

夏は食べ物が腐るのが早い。
Food rots faster in the summertime.
夏天食物腐烂得快。

崩れる（くずれる）　がけが崩れる　列が崩れる

木をたくさん切ると山が崩れる原因になる。
Cutting down many trees may cause a landslide.
树木被大量砍伐，是山坍塌的原因。

くだらない　この漫画はくだらない　くだらないテレビ番組

この漫画は本当にくだらない。
This cartoon is really silly.
这本漫画真无聊。

くっつく　磁石がくっつく　くっついて歩く

猫が私の足にくっついて歩いてきた。
A cat came walking along with me, rubbing her head against my foot.
猫寸步不离地跟着我。

第1週3日目　物の状態・動き（1）

確認テスト

月　　日　／10

【問題Ⅰ】 正しいものに○をつけなさい。

1) ストレスが { a. 移って　b. 重なって } 病気になってしまった。
2) (　) に { a. あてはまる　b. 隠れる } 答えを選びなさい。
3) 医者からもらった薬は全然 { a. 効かなくて　b. くだらなくて } 痛みがおさまらない。
4) 宝くじが { a. 当たって　b. くっついて } 10万円もらった。
5) 人が住んでいない古い家は今にも { a. 輝き　b. 崩れ } そうだった。

【問題Ⅱ】 (　) に入る言葉を ☐ から選び、適当な形にして書きなさい。
同じ言葉は一度しか使えません。

欠ける　固まる　傾く　枯れる　腐る

1) 大切にしていた庭の木が (　　　　) しまった。
2) (　　　　) 牛乳を飲んで、お腹が痛くなった。
3) 船が左に (　　　　) 倒れそうになった。
4) ずっと悩んでいたが、やっと結婚する気持ちが (　　　　)。
5) 彼は常識に (　　　　) いる。

(p.111・確認テストの解答)　問題Ⅰ 1) a 2) b 3) a 4) b 5) a
問題Ⅱ 1) 誓って 2) 任せて 3) 目指して 4) 守って 5) ためらって

第1週 4日目　動詞　物の状態・動き(2)

狂う（くるう）　気が狂う　予定が狂う

やらなければならない仕事がたくさんあって、気が狂いそうだった。
I thought I would go crazy because of so much work to do.
要做的工作太多，都快让人发疯了。

焦げる（こげる）　魚が焦げる　焦げたにおい

魚が真っ黒に焦げてしまって、食べられなかった。
The fish was burned black, so I could not eat it.
鱼烤得焦黑，不能吃了。

異なる（ことなる）　事実と異なる　人によって異なる

この雑誌に書かれていることは事実と異なる。
This magazine tells something different from the truth.
这本杂志里写的内容与事实不符。

こぼれる　スープがこぼれる　涙がこぼれる

その女の子はスープがこぼれないように注意して運んだ。
The girl carried the soup carefully so that she would not spill any.
那个女孩子为免汤溢出端得很小心。

転がる（ころがる）　ボールが転がる　部屋にゲームが転がっている

ボールが転がって川に落ちてしまった。
The ball rolled off into the river.
球滚到河里去了。

仕上がる　写真が仕上がる　きれいに仕上がる

カメラ屋にフィルムを持って行って、写真が仕上がるまで待っていた。
I took the film to a camera shop, and waited there for the pictures to be developed.
把胶卷拿到照相馆后，一直等到照片洗出来。

静まる　波が静まる　心が静まる

台風が通り過ぎて、波も静まった。
The typhoon has gone, the waves calmed down.
台风过后，风平浪静。

沈む　船が沈む　沈んだ顔

台風のため、船が沈んだ。
The typhoon sank the ship.
因台风船沉没了。

優れる　学力が優れている　顔色がすぐれない

小さいときから私より妹のほうがずっと学力が優れていた。
The academic ability of my younger sister has been much higher than mine since she was little.
妹妹从小就比我学习好。

ずれる　印刷がずれている　答えが質問からずれている

印刷がずれているので、この資料は見にくい。
It is difficult to read his material because the printing is blurry.
这个资料因印刷错位看不清楚。

迫る　津波が迫っている　締め切りが３日後に迫っている

津波がすぐ近くまで迫っている。
A tsunami is imminent.
海啸马上逼近。

育つ　野菜が育つ　新入社員が育つ

この土でおいしい野菜が育ちます。
You can grow tasty vegetables using this soil.
用这个土壤培育的蔬菜很好吃。

そろう　全員そろう　踊りがそろう

全員そろったら、会議を始めます。
The meeting will be started when everyone is ready.
如果大家都到齐了，就开始会议。

倒れる　本棚が倒れる　病気で倒れる

地震でテレビや本棚が倒れた。
A TV and bookshelf fell over in the earthquake.
因地震，电视机和书架都倒了下来。

つぶれる　ケーキがつぶれる　会社がつぶれる

友だちの働いていた会社がつぶれて、失業してしまった。
The company my friend was working for went bankrupt, so he lost his job.
朋友因所在的公司倒闭而失业了。

第1週4日目　　動詞　物の状態・動き（2）

確認テスト

月　　日　　/10

【問題Ⅰ】　正しいものに○をつけなさい。

1) 台所から何かが　{ a. 焦げた　b. つぶれた }　においがする。
2) 道路に木が　{ a. そろえていて　b. 倒れていて }　前に進めなかった。
3) こちらのカメラのほうが新しくて性能が { a. 仕上がって　b. 優れて } いますよ。
4) ボールが　{ a. こぼれて　b. 転がって }　きたと思ったら、子どもが道路に飛び出してきた。
5) タクシーの料金はタクシー会社によって　{ a. 異なる　b. ずれる }　。

【問題Ⅱ】　（　）に入る言葉を□から選び、適当な形にして書きなさい。同じ言葉は一度しか使えません。

狂う　静まる　沈む　迫る　育つ

1) 彼は元気がなくて（　　　　　　）表情をしていた。
2) 海へ行くつもりだったが、雨が降って予定が（　　　　　）。
3) 相手の怒りが（　　　　　）のを待ってから、話し合いをしたほうがいい。
4) 草花が（　　　　　）には日光が必要だ。
5) 論文提出の締め切りが（　　　　　）いるので、今週はあまり寝ていない。

──────────
（p.115・確認テストの解答）　問題Ⅰ　1) b　2) a　3) a　4) a　5) b
問題Ⅱ　1) 枯れて　2) 腐った／腐っている　3) 傾いて　4) 固まった　5) 欠けて

第1週 5日目　動詞　物の状態・動き(3)

届く　手紙が届く　声が届く

海外留学している友だちから手紙が届いた。
I received a letter from my friend who is studying abroad.
我收到了在国外留学的朋友的信。

似合う　ドレスが似合う　似合わない発言

パーティーで見た女性は赤いドレスがよく似合っていた。
The woman I saw at the party looked great in the red dress.
我在宴会上看到的女性，她穿的那件红色礼服很合适。

煮える　野菜が煮える　スープが煮えている

この野菜は3分ぐらいで煮える。
This vegetable can be cooked in about three minutes.
这个蔬菜大概3分钟就煮透了。

ぬれる　髪がぬれる　服がぬれている

突然雨が降ってきて髪がぬれてしまった。
It suddenly began to rain and my hair got wet.
突然下雨，将我的头发都淋湿了。

流行る　歌が流行る　インフルエンザが流行る

この歌は5年ぐらい前に流行ったものだ。
This song was very popular about five years ago.
这首歌在5年前很流行。

響く（ひびく）
音が響く　心に響く

私の住んでいるアパートは音が響くので、楽器が弾けない。
I am not allowed to play a musical instrument because my apartment is not soundproof.
我住的公寓不隔音，不能弹乐器。

含む（ふくむ）
税金を含んでいる　東京を含む５大都市

この金額は税金も含んでいます。
This fee includes tax.
此金额包括税金。

膨らむ（ふくらむ）
風船が膨らむ　期待に胸が膨らむ

留学する前は期待に胸が膨らんでいたが、来日してからの生活は大変だった。
My heart was filled with excitement before coming to Japan to study, but my life in Japan was difficult.
留学以前，心中充满了期待，但来日本后，生活非常辛苦。

恵まれる（めぐまれる）
天気に恵まれる　恵まれない子どもたち

旅行中は天気に恵まれて、毎日ビーチで泳いだ。
I enjoyed fine weather during the trip, swimming at the beach every day.
旅游时遇上了好天气，每天都在海边游泳。

目立つ（めだつ）
赤いドレスで目立つ　目立った変更

あの女優は真っ赤なドレスで遠くからでも目立っていた。
Even from a distance the actress in a bright red dress stood out.
那个女演员穿着鲜红的礼服，即使很远也很显眼。

燃える　家が燃える　希望に燃えている

火事で近所の家が燃えてしまった。
The neighbor's house was burnt down in the fire.
因火灾，邻居的房子被烧了。

戻る　会社に戻る　元に戻る

会社に戻ったらすぐにファックスを送ります。
I will send you a fax as soon as I get back to my office.
我一回到公司就给你发传真。

役立つ　ラジオが役立つ　役立つ情報

地震のとき、テレビは使えなくてラジオが役立った。
Radio was useful during the earthquake because TV didn't work.
地震时，电视不能用了，收音机帮了很大的忙。

汚れる　靴が汚れる　汚れた手

雨の中、サッカーをしたので靴が汚れた。
Playing soccer in the rain resulted in dirty shoes.
在雨中踢了足球，所以鞋子弄得很脏。

割れる　コップが割れる　意見が割れる

会議で意見が2つに割れた。
People at the meeting were divided into two opinions.
在会议上有两种不同的意见。

第1週5日目　動詞　物の状態・動き（3）

確認テスト

月　日　／10

【問題Ⅰ】　正しいものに○をつけなさい。

1) オフィスに彼女の笑い声が { a. 響いた　b. 割れた } 。
2) この国は資源に { a. ぬれて　b. 恵まれて } いる。
3) 友達に貸したCDが { a. 燃えて　b. 戻って } こない。
4) メールが { a. 届かない　b. 含まない } ので、ファックスで送ってください。
5) 工場から出る水でこの川はずいぶん { a. 煮えて　b. 汚れて } しまった。

【問題Ⅱ】　（　）に入る適当な言葉を□□□から選びなさい。
同じ言葉は一度しか使えません。

似合う　流行る　膨らむ　目立つ　役立つ

1) 宝くじが当たったときのことを考えると、夢が（　　　　　　）。
2) あの俳優は眼鏡がよく（　　　　　　）。
3) 今年は黒い服が（　　　　　）そうだ。
4) その色は（　　　　　）から、もうちょっと地味な色のスカーフにしたほうがいいよ。
5) 大学で学んだ知識は会社に入ってからも（　　　　　　）だろう。

(p.119・確認テストの解答)　問題Ⅰ 1) a 2) b 3) b 4) b 5) a
問題Ⅱ 1) 沈んだ 2) 狂った 3) 静まる 4) 育つ 5) 迫って

第2週 1日目 動詞　身体動作（1）

味わう（あじわう）　料理を味わう　苦しさを味わう

パーティーでは世界のいろいろな料理を味わうことができた。
I enjoyed various dishes from all over the world at the party.
在宴会可品尝到世界各种各样的菜肴。

うなずく　合図にうなずく　うなずきながら聞く

指揮者の合図にピアニストがうなずいて、演奏が始まった。
The pianist nodded in response to the signal of the conductor, and started to play.
收到指挥家发出的信号，钢琴家点了点头，开始了演奏。

かく　頭をかく　蚊に刺されたところをかく

佐藤さんは褒められるといつも頭をかく。
Mr. Sato scratches his head whenever someone compliments him.
佐藤在受到表扬时，总是会挠头。

かぐ　においをかぐ　香水をかぐ

散歩していた犬が木の下で止まって、においをかいでいた。
The dog taking a walk stopped under the tree, and was sniffing something.
散步中的狗在树下停住闻了起来。

語る（かたる）　経験を語る　将来について語る

先輩が留学中のいろいろな経験を語ってくれた。
My senior told me various experiences he had during his study abroad.
学兄谈了留学中的各种经验。

刻む（きざむ）　たまねぎを刻む　深い悲しみが心に刻まれる

たまねぎを刻んでいると涙が出てくる。
Chopping onions makes my eyes water.
切洋葱时，会流泪。

削る（けずる）　ナイフで削る　給料が削られる

昔はナイフで鉛筆を削って使った。
People used to sharpen pencils using a knife.
以前用刀子削铅笔。

ける　ボールをける　就職をける

サッカーは、ボールをけってゴールに入れるゲームだ。
Soccer is a game in which players kick a ball around to shoot at a goal.
足球是指把球踢进球门的体育比赛。

凍える（こごえる）　手が凍える　凍えるような寒さ

手が凍えてしまって字が書けない。
My hands are freezing so I cannot write.
手冻僵了，不能写字了。

腰掛ける（こしかける）　ベンチに腰掛ける　腰掛け（*名詞）

公園のベンチに腰掛けて、子どもたちが遊ぶのを見ていた。
I was looking at children playing while sitting on a bench in the park.
我在公园的长椅上坐了下来，看着孩子们玩耍的样子。

125

転ぶ（ころぶ）　転んでけがをする　雪で転ぶ

階段で転んでけがをした。
I fell down the stairs, and injured myself.
我摔在台阶上，受了伤。

叫ぶ（さけぶ）　大声で叫ぶ　世界平和を叫ぶ

彼は救急車を呼んでくれと大声で叫んだ。
He called out loudly for an ambulance.
他大声地喊着快叫救护车来。

しゃがむ　気分が悪くなってしゃがむ　しゃがんで探す

会社に来る途中で気分が悪くなり、電車の中でしゃがんでしまった。
I felt sick on the way to the office, and crouched down in the train.
我来公司的路上，感到不舒服，在电车里蹲了下来。

しゃべる（→おしゃべり p.185）　よくしゃべる人　秘密をしゃべる

山本先生は普段は静かな人だが、酒を飲むとよくしゃべる。
Mr. Yamamoto is usually quiet, but becomes talkative when he drinks.
山本老师平时是很安静的人，但喝酒后就变得爱说话了。

抱く（だく）　赤ちゃんを抱く　肩を抱く

赤ちゃんを抱いた女性の幸せそうな顔が忘れられない。
I cannot forget the happy face of the woman holding a baby.
我不能忘记抱着婴儿的妇女一脸幸福的样子。

第2週1日目　動詞　身体動作（1）

確認テスト

月　日　／10

【問題Ⅰ】　正しいものに○をつけなさい。

1) 田舎に帰ってきてから、家族と過ごす幸せを { a. 味わって　b. 抱いて } います。
2) 吉田さんはカフェの椅子に { a. 腰掛けて　b. 転んで } 本を読んでいた。
3) 警察を辞めた彼は20年前の事件について { a. 語った　b. しゃがんだ } 。
4) にんじんを小さく { a. 刻んで　b. けって } 肉に混ぜます。
5) 監督のサインを見てバッターは { a. かいた　b. うなずいた } 。

【問題Ⅱ】　（　）に入る言葉を□□□から選び、適当な形にして書きなさい。
同じ言葉は一度しか使えません。

| かぐ　削る　凍える　叫ぶ　しゃべる |

1) 駐車場から「助けて」と（　　　　　）声がした。
2) よく（　　　　　）奴だ。もう1時間もしゃべり続けてるよ。
3) 公園にいた猫は寒さで（　　　　　）いた。
4) きれいな花が咲いていたので、においを（　　　　　）みた。
5) この作文は長すぎるので、文章を少し（　　　　　）ください。

（p.123・確認テストの解答）　問題Ⅰ 1) a 2) b 3) b 4) a 5) b
問題Ⅱ 1) 膨らむ 2) 似合う 3) 流行る 4) 目立つ 5) 役立つ

第2週 2日目 動詞 身体動作（2）

たたく　　肩をたたく　窓をたたく雨

後ろから肩をたたかれて振り向いたら、友だちが立っていた。
Someone tapped me on the shoulder from behind, and I turned around to find my friend.
有人从后面拍我的肩膀，回头看时，原来是朋友站在我后面。

黙る　　黙って部屋から出て行く　黙っていられない

兄は黙って部屋から出て行った。
My brother went out of the room without a word.
哥哥默默地走出了房间。

怒鳴る　　大声で怒鳴る　父に怒鳴られる

そんなに大声で怒鳴らなくても聞こえます。
I can hear you without you shouting so loud.
不必那么大声地怒吼，我能听得见。

眺める　　海を眺める　ぼんやり眺めている

このレストランは海を眺めながら食事ができる。
Diners can enjoy the ocean view while they eat at this restaurant.
这家餐厅可以边欣赏海景边用餐。

なぐる　　顔をなぐる　なぐり合ってけんかする

顔をなぐるなんてひどいことをする。
It is a terrible thing to punch someone in the face.
没想到打脸，做得太过分了。

握る（にぎる）　手を握る　秘密を握っている

日本へ来る時、友だちと手を握ってお別れをした。
I held my friends' hands for the last time before coming to Japan.
来日本时，我和朋友握手告别了。

にらむ　知らない人ににらまれる　200万円ぐらいだろうとにらんでいる

バスで友だちと騒いでいたら他の乗客ににらまれてしまった。
I was making some noise with my friend on the bus, and got an angry look from some other passenger.
在巴士上与朋友吵闹，被其他乘客怒目而视。

挟む（はさむ）　書類をファイルに挟む　かばんをドアに挟む

書類をファイルに挟んでおきました。
I put the document in the file.
把资料夹在了文件夹里。

ひねる　腰をひねる　蛇口をひねる

私は毎日腰をひねって後ろを見る運動をしている。
My daily exercise is twisting my back to look behind me.
我每天做扭腰向后看的运动。

ふく　窓ガラスをふく　汗をふく

窓ガラスをふいたら外がよく見えるようになった。
After cleaning the window, I can see outside more clearly.
把玻璃窗擦干净后，能清楚地看到外面了。

震える　手が震える　声が震える

緊張して手が震えてしまい、黒板に字が書けなかった。
Because my hands were trembling with nervousness, I could not write any letters on the blackboard.
因紧张使手发抖，没能在黑板上写字。

回る　くるくる（と）回る　店をたくさん回る

スケート選手は氷の上をくるくると回って、最後にポーズを決めた。
The skater spun on the ice, and stopped to strike a pose at the end.
花样滑冰选手在冰上骨碌碌地转，最后摆了姿势。

潜る　海に潜る　布団に潜る

彼は海に潜ってきれいな貝を拾ってくれた。
He dived into the ocean, and gave me some beautiful seashells he found.
他潜入海里捡起来了漂亮的贝壳。

破る　手紙を破る　規則を破る

父は読んでいた手紙を破って捨ててしまった。
He tore up the letter he was reading.
爸爸还没把信看完就撕碎扔掉了。

酔う　酒に酔う　船に酔う

昨夜はワインを飲みすぎて酔ってしまった。
I got drunk from drinking too much wine last night.
昨晚我葡萄酒喝得太多，喝醉了。

確認テスト

月　日　/10

【問題Ⅰ】　正しいものに○をつけなさい。

1) その小説家は酒を飲むと { a. 回る　b. 怒鳴る } ことで有名だった。
2) 自転車のハンドルはしっかりと { a. 握って　b. ふいて } 離さないようにしましょう。
3) その女の子は恐怖で体が { a. 震えていた　b. 潜っていた }。
4) ボクシングの試合で { a. にらまれて　b. なぐられて }、鼻の骨が折れた。
5) 学校生活で、先生の話を { a. 黙って　b. ひねって } 聞くことを覚える。

【問題Ⅱ】　(　)に入る適当な言葉を□□□から選びなさい。
同じ言葉は一度しか使えません。

たたく　眺める　挟む　破る　酔う

1) 約束を(　　　　)くらいなら、初めから約束なんてしないほうがいい。
2) 雨が窓を(　　　　)音がうるさい。
3) 彼は(　　　　)とよくしゃべる。
4) サンドイッチにバナナとトマトを(　　　　)とおいしいよ。
5) 星をゆっくり(　　　　)のは本当に久しぶりだ。

(p.127・確認テストの解答)　問題Ⅰ 1) a 2) a 3) a 4) a 5) b
問題Ⅱ 1) 叫ぶ 2) しゃべる 3) 凍えて 4) かいで 5) 削って

動詞　日常行為・他（1）

第2週　3日目

扱う（あつか）
機械を扱う　部下を扱う

この新しいデジカメは小さくて扱いやすい。
This new digital camera is easy to handle with its small size.
这个新数码相机又小巧又好用。

失う（うしな）
仕事を失う　信用を失う

彼は仕事を失ってから、友だちに会いたくないと言うようになった。
After losing his job, he started saying that he does not want to see his friends.
他失去工作后，说不想与朋友再见面了。

埋める（う）
土の中に埋める　海を埋める

子どものとき、宝物を土の中に埋めた。
When I was little, I buried a treasure in the ground.
小时候，把宝物埋在了地里。

描く（えが）
絵を描く　人生を描いた小説

石川さんは色鉛筆を使って草花を描くのが趣味のようだ。
I heard that Ms. Ishikawa's hobby is drawing plants and flowers with colored pencils.
听说石川的爱好是用彩色铅笔画花草。

覆う（おお）
手で顔を覆う　雲に覆われている

彼女は手で顔を覆って泣いていた。
She was crying while covering her face with her hands.
她用手捂着脸哭了。

教わる　父に教わる　プロから教わった技術

小さいころ父にスキーを教わった。
My father taught me how to ski when I was little.
小时候，父亲教了我滑雪。

からかう　新入社員をからかう　からかうような言い方

あの人はいつも新入社員をからかって喜んでいる。
That person enjoys playing jokes on new employees all the time.
那个人总是以取笑新员工为乐。

配る　テストを配る　気を配る

テストを配るので辞書やノートはかばんにしまってください。
I am going to distribute the tests now, so please put away your dictionaries and notebooks in your bags.
现在分发试卷，请把词典和笔记本放在书包里。

組み立てる　家具を組み立てる　文章を組み立てる

買ってきた家具を自分で組み立てて部屋に置いた。
I assembled the furniture I bought from a store, and placed it in the room.
将买来的家具自己组装后放在了房间里。

越える／超える　国境を越える　給料を超える金額

パスポートもないのに国境を越えてはいけない。
You cannot cross the border without your passport.
没有护照不许越过国境。

こぐ　船をこぐ　自転車をこぐ

昔は船をこいでこの川を渡ったそうだ。
I heard that people used to cross this river by rowing a boat.
听说以前乘坐手划船渡过这条河。

断る　誘いを断る　一言断る

カラオケに行こうと言われたが、あまり好きではないので誘いを断った。
I was invited to go to karaoke, but said no because I don't like karaoke very much.
邀请了我去卡拉OK，但因不太喜欢，所以谢绝了。

避ける　込んでいる日を避ける　危険を避ける

飛行機が込んでいる日を避けて、10月に国へ帰る予定です。
I am planning to go back to my country in October so that I can avoid the busy season for airlines.
我打算避开飞机拥挤的日子，在10月份回国。

誘う　友だちをドライブに誘う　涙を誘う映画

友だちをドライブに誘って、海を見に行った。
I invited my friend to go driving to see the ocean.
我邀请朋友开车去看了大海。

従う　規則に従う　指示に従う

その国の交通規則に従って車を運転しなければならない。
You must drive a car in accordance with the traffic rules of the country.
驾驶汽车要遵守该国的交通规则。

第２週３日目　動詞　日常行為・他（1）

確認テスト

月　日　／10

【問題Ⅰ】　正しいものに○をつけなさい。

1) 工事中の家は大きいシートで ｛ a. 覆われて　b. 避けられて ｝ いた。
2) 自転車を ｛ a. 組み立てて　b. こいで ｝ 坂道をのぼったから足が痛い。
3) 一人で見に行くのはさびしいので、友だちを映画に ｛ a. 教わった　b. 誘った ｝ 。
4) 鳥が空に円を ｛ a. 描いて　b. 配って ｝ 飛んでいる。
5) あの夫婦は交通事故で息子を ｛ a. 失った　b. 従った ｝ 。

【問題Ⅱ】　（　）に入る言葉を____から選び、適当な形にして書きなさい。同じ言葉は一度しか使えません。

扱う　埋める　からかう　越える　断る

1) この箱にはガラスが入っているので丁寧に（　　　　　）ください。
2) 会議を欠席するなら、事前に部長に（　　　　　）ほうがいい。
3) この辺りは海を（　　　　　）作った地域だ。
4) あの人はいつも真面目に言っているのか（　　　　　）いるのか分からない言い方をする。
5) この山を（　　　　　）ば、私の生まれ故郷です。

(p.131・確認テストの解答)　問題Ⅰ 1) b 2) a 3) a 4) b 5) a
問題Ⅱ 1) 破る 2) たたく 3) 酔う 4) 挟む 5) 眺める

第2週 4日目 動詞 日常行為・他（2）

支払う（しはら）
学費を支払う　現金で支払う

電話代は毎月現金で支払っている。
I pay my monthly telephone bills with cash.
我每月用现金支付电话费。

示す（しめ）
地図で場所を示す　興味を示す

住所だけでは分かりにくいので地図で場所を示します。
I will show you the location on the map because the place is not easy to find by the address alone.
只有地址不容易找，因此在地图上将场所表示出来。

救う（すく）
貧しい人々を救う　命を救う

弟は貧しい人々を救うために海外でボランティア活動をしている。
My younger brother has been engaged in volunteer work abroad to help impoverished people.
为了救助贫苦的人们，弟弟在国外进行社会福利活动。

過ごす（す）
アメリカで過ごす　無駄に過ごす

石川さんは結婚してから10年アメリカで過ごした。
Mr. Ishikawa spent 10 years in the US after his marriage.
石川结婚后，在美国生活了10年。

すれ違う（ちが）
すれ違った人　すれ違って会えない

狭い道ですれ違った男に財布をとられた。
The man who passed me on the narrow street stole my wallet.
在狭窄的道路上我被擦肩而过的男人偷了钱包。

備える（そなえる）　地震に備える　才能を備えている

地震に備えて、ラジオや水が用意してある。
There is a radio and water for earthquake preparedness.
为了在地震时有备无患，准备了收音机和水。

確かめる（たしかめる）　辞書で確かめる　人数を確かめる

単語の意味があっているかどうか辞書で確かめた。
I checked a dictionary to see whether the meaning of the word is correct.
为了确定单词的意思是否正确，我查了词典。

戦う（たたかう）　試合で戦う　国が戦う

明日の試合で去年優勝したチームと戦う。
My team will face the team which won last year in tomorrow's game.
明天我们与去年获得冠军的队比赛。

だます　お年寄りをだます　甘い言葉にだまされる

お年寄りをだましてお金をとる犯罪が増えている。
There is an increasing number of crime cases where elderly people are cheated out of money.
骗取老人钱财的犯罪在增加。

試す（ためす）　使いやすいどうか試す　実力を試す

実力を試すために去年の試験問題をやってみた。
I tried my hand at last year's exam to see how well I could do.
为了确认自己的实力，我试着做了去年的考试问题。

近付く（ちかづく）　海に近付く　出発の日が近付いてくる

波が高いので、海に近付かないでください。
Do not go close to the ocean because of the high surf.
因波浪很高，请不要靠近海边。

通じる（つうじる）　気持ちが通じる　電話が通じる

野口さんに電話をしたが通じなかった。
I called Mr. Noguchi, but there was no answer.
我给野口打了电话，但没打通。

捕まる（つかまる）　犯人が捕まる　手すりにつかまる

殺人事件の犯人がやっと捕まって近所の人たちは安心した。
The murderer was finally arrested, and the neighbors were relieved.
杀人犯终于被捉捕归案，附近的人们放心了。

付き合う（つきあう）（→～合う p.276）　彼と付き合う　買い物に付き合う

彼とよく付き合ってみるといい人だって分かるよ。
You will find that he is a nice person if you socialize with him more.
与他加深交往后，你会了解他是个好人的。

伝わる（つたわる）　気持ちが伝わる　キリスト教が伝わる

この会社で働きたいという気持ちがよく伝わってきました。
I understand your feeling of wanting to work for this company very much.
我充分感受到了你想在这家公司工作的心情。

確認テスト

第2週4日目　動詞　日常行為・他(2)

月　　日　　／10

【問題Ⅰ】　正しいものに○をつけなさい。

1) 姉の買い物に { a. 近付いたら　b. 付き合ったら } 、疲れてしまった。
2) すぐにあきらめないで、もう一度 { a. 過ごして　b. 試して } みよう。
3) 動物園から逃げた猿が3日後にやっと { a. 支払った　b. 捕まった } 。
4) 橋本さんはこの記事には興味を { a. 示さなかった　b. 備えなかった } 。
5) 病院が嫌いな父を { a. すれ違って　b. だまして } 病院へ連れて行き、検査を受けさせた。

【問題Ⅱ】　(　)に入る言葉を □ から選び、適当な形にして書きなさい。
同じ言葉は一度しか使えません。

救う	確かめる	戦う	通じる	伝わる

1) お互いの言葉は分からなくても気持ちは (　　　　　) だろう。
2) 住所があっているかどうか (　　　　　) させてください。
3) キリスト教は16世紀に日本に (　　　　　) そうだ。
4) 昨夜、警察官が山で迷子になった子どもを (　　　　　)。
5) テニスの試合で (　　　　　) 二人が、試合後に握手をした。

(p.135・確認テストの解答)　問題Ⅰ　1) a　2) b　3) b　4) a　5) a
問題Ⅱ　1) 扱って　2) 断った　3) 埋めて　4) からかって　5) 越えれ

動詞　日常行為・他（3）

第2週　5日目

解く（と）
問題を解く　誤解を解く

難しい問題だったが自分の力だけで解いた。
It was a difficult question, but I solved it all by myself.
虽然是很难的问题，但靠自己的能力解决了。

怠ける（なま）
ジョギングを怠ける　仕事を怠ける

朝のジョギングを1日でも怠けたら監督に叱られる。
If I slack off my morning jogging even one day, my coach will scold me.
早上的跑步，即使只偷一天懒也会被教练批评。

抜く（ぬ）
とげを抜く　父の背を抜く

指にとげが刺さってしまったので抜いた。
I got a splinter in my finger, so I pulled it out.
因为手指上扎了刺儿，所以我把它拔出来了。

ねらう
優勝をねらう　足をねらって撃つ

選手たちは優勝をねらって一日5時間サッカーの練習をしている。
The soccer players practice for five hours every day to win the tournament.
选手们以获得冠军为目标，一天练习5个小时的足球。

除く（のぞ）
祝日を除く　私を除いて5人

この店は祝日を除く毎日、営業している。
This store is open every day except for holidays.
这家店除了节假日之外，每天都营业。

省く（はぶく）

無駄な時間を省く　説明を省く
（むだ　　じかん　はぶ　　せつめい　はぶ）

発表の時間が足りないので資料の説明は省きます。
（はっぴょう　じかん　た　　　　しりょう　せつめい　はぶ）
Due to the limitation of time for my presentation, I will omit the explanation of the handouts.
由于发表的时间不够，因此省略掉资料的说明。

掘る（ほる）

芋を掘る　山を掘る
（いも　ほ　　やま　ほ）

夏の暑い日に芋を掘って料理して食べた。
（なつ　あつ　ひ　いも　ほ　　りょうり　　た）
I dug out potatoes on a hot summer day, cooked them, and ate them.
在夏天酷热的日子里，我挖出番薯煮着吃了。

学ぶ（まなぶ）

経済学を学ぶ　自然の大切さを学ぶ
（けいざいがく　まな　　しぜん　たいせつ　　まな）

山登りの経験から自然の大切さを学んだ。
（やまのぼ　　けいけん　　しぜん　たいせつ　　まな）
I have learned the importance of nature from mountain climbing.
从爬山的经验学习到了自然的重要性。

招く（まねく）

友だちを招く　結婚式に招いていただく
（とも　　　まね　　けっこんしき　まね）

引っ越したので、友だちを新しい家に招いてパーティーをした。
（ひ　こ　　　　　とも　　　あたら　　いえ　まね）
I moved to a new place, so I invited my friends for a party in my new house.
搬家后，邀请朋友来新家开了派对。

真似る（まねる）

話し方を真似る　先輩の仕事を真似る
（はな　かた　まね　　せんぱい　しごと　まね）

先生の話し方を真似て、みんなを笑わせた。
（せんせい　はな　かた　まね　　　　　　わら）
I imitated my teacher's way of talking, and made the others laugh.
我模仿老师的口气把大家逗笑了。

141

見送る（みおくる）　友だちを見送る　採用を見送る

留学に行く友だちを空港で見送った。
I saw off my friend going to study abroad at the airport.
在机场为留学的朋友送行。

訳す（やくす）　英語に訳す　専門用語を訳す

この文を英語に訳していただけますか。
Can you translate this sentence into English?
请帮我把这篇文章翻译成英语，好吗？

雇う（やとう）　新しい社員を雇う　会社に雇われている

来月から新しい社員を雇うつもりだ。
I am planning to hire a new employee next month.
打算从下个月起雇用新员工。

譲る（ゆずる）　自転車を弟に譲る　席を譲る

古くなった自転車を弟に譲った。
I gave my old bike to my younger brother.
我把旧的自行车让给了弟弟。

論じる（ろんじる）　環境問題について論じる　哲学を論じる本

講演では山本先生が最新の環境問題について論じた。
Mr. Yamamoto discussed the latest environmental issues in his lecture.
在讲演会上，山本老师讲演了关于最新的环境问题。

確認テスト

月　日　/10

【問題Ⅰ】　正しいものに○をつけなさい。

1) 山本先生はこれまで100人以上の卒業生を｛ a.抜いた　b.見送った ｝。
2) 彼は仕事を｛ a.怠けて　b.省いて ｝、たばこばかり吸っている。
3) この本は現在の世界経済は危険な状態だと｛ a.学んで　b.論じて ｝いる。
4) がんは治らない病気だという誤解を｛ a.解き　b.訳し ｝たいと彼が言った。
5) 小さい会社なのに従業員を50人も｛ a.ねらって　b.雇って ｝いるので大変だ。

【問題Ⅱ】　（　）に入る言葉を▢から選び、適当な形にして書きなさい。
同じ言葉は一度しか使えません。

除く　掘る　招く　真似る　譲る

1) 庭に穴を（　　　　　）、大きい木を植えた。
2) あの歌手は大物歌手の歌い方を（　　　　　）いるだけで、個性がない。
3) 救急車が来たら、道を（　　　　　）なければならない。
4) 卒業式のあと、山本教授が家に（　　　　　）くださった。
5) 医学部を（　　　　　）大学の学費の平均は1年で約100万円だ。

(p.139・確認テストの解答)　問題Ⅰ　1) b　2) b　3) b　4) a　5) b
問題Ⅱ　1) 通じる　2) 確かめ　3) 伝わった　4) 救った　5) 戦った

第3週 1日目 — 形容詞　性格（けいようし　せいかく）

厚かましい（あつ）
厚かましい人　厚かましいお願い

あの人みたいな厚かましい人は遠慮することを知らない。
Such an impudent one like that person does not know to be humble.
像他那样厚脸皮的人是不知道客气的。

意地悪（いじわる）
意地悪な先輩　意地悪なことをする

会社に意地悪な先輩がいて困っている。
I am annoyed by a mean senior at work.
公司有爱捉弄人的前辈，让人很为难。

おおざっぱ
おおざっぱな性格　おおざっぱに計算する

姉はおおざっぱな性格で細かいことは気にしない。
My older sister has a careless character and does not worry about small details.
我姐姐的性格太毛糙，不在乎小小的事情。

おとなしい
性格がおとなしい　おとなしい色

彼女は小さいときはおとなしかったが、今はにぎやかで活発なタイプだ。
Although she was quiet when she was little, she is an outgoing and active person now.
她小时候是个很老实安静的人，但现在变得很开朗，爱说笑又很活泼。

正直（しょうじき）
正直な人　正直に言うと

野口さんは正直な人だから、そんな嘘は言わないはずだ。
I am sure that Mr. Noguchi did not tell such a lie because he is an honest man.
野口是个老实正直的人，应该不会说那样的谎。

図々しい　　図々しい人　図々しく座る

並んでいる列に途中で入ってくるなんて図々しい人だ。
The person has a lot of nerve to cut into line.
插队，真是个厚脸皮的人呀！

ずるい　　～なんてずるい　ずるい子ども

私はいたずらをして先生が来たら逃げるずるい子どもだった。
I was a sneaky child who got into some mischief and ran away when a teacher came.
我以前是个爱恶作剧，但老师来的话就逃跑的狡猾的人。

そそっかしい　　～なんてそそっかしい　そそっかしい人

靴の右と左を間違えて履くなんて、そそっかしいなあ。
I am so careless as to put my shoes on the wrong feet.
你把鞋子的左右穿反了，可真粗心啊。

だらしない　　だらしない服装　お金にだらしない

高橋さんはだらしない服装で会社に来て、課長に叱られた。
Mr. Takahashi came to the office wearing unkempt clothes, and was given a verbal reprimand from the section manager.
高桥穿着邋遢的衣服来公司，被科长批评了一顿。

生意気　　生意気な態度　生意気な新入社員

あの後輩の生意気な態度には我慢ができない。
I cannot stand the insolent attitude of my junior.
那个后辈的态度很傲慢，令人无法忍受。

145

のんき　のんきな性格　のんきな生活

彼はのんきな性格で、火事になっても逃げ遅れてしまいそうだ。
He is so easygoing that he might fail to escape in case of a fire.
他做什么都不慌不忙的，好像就算发生火灾也会跑得很慢。

朗らか　朗らかな人　朗らかに笑う

彼女のような朗らかな人は保育士に向いている。
A cheerful person like her is well cut out to be a daycare nurse.
像她那样开朗的人，很适合做保育员的工作。

陽気　陽気な性格　陽気がいい日

石川さんは陽気な性格で、彼女がいるだけでその場が明るくなる。
Ms. Ishikawa has a cheerful character, and her presence brightens up the place.
石川的性格开朗活泼，只要有她在就会很快乐。

欲張り　～なんて欲張りだ　欲張りな考え

簡単な仕事で給料が良くて有名な会社で働きたいなんて兄は欲張りだ。
My older brother is greedy enough to want to get paid well for an easy job at a famous company.
哥哥想在工作简单、工资高，而且还是有名的公司里工作，太贪心了。

わがまま　わがままだと思われる　わがままに育つ

会社で忙しいときに自分だけ先に帰りたいなんて言ったらわがままだと思われてしまう。
If I say I want to leave earlier than other people when the company is busy, they would think I am selfish.
如果在公司忙碌的时候，说自己想先回家之类的，会被认为是很任性的哟。

第3週1日目　形容詞　性格

確認テスト

月　日　／10

【問題Ⅰ】　正しいものに○をつけなさい。

1) { a. 陽気　b. わがまま } がいい日は眠くなるね。
2) もうすぐ入学試験なのに勉強もしないで彼は { a. 図々しい　b. のんきだ }。
3) 子どものくせに高級ブランドのかばんを持っているなんて { a. 意地悪だ　b. 生意気だ }。
4) 佐藤さんの { a. 厚かましい　b. 朗らかな } 性格は、周りを明るくする。
5) 今の { a. おとなしい　b. 正直な } 気持ちを教えてください。

【問題Ⅱ】　(　)に入る適当な言葉を□□□から選びなさい。
同じ言葉は一度しか使えません。

| おおざっぱな　　ずるい　　そそっかしい　　だらしない　　欲張りな |

1) 急いで出掛けて財布や鍵を忘れるなんて、(　　　　)人だ。
2) 彼女は授業に出席しないでいつも友達にノートを借りていて(　　　　)。
3) ネクタイもしないで社長に会いに行くなんて、(　　　　)人だと思われるよ。
4) まだ(　　　　)出張計画しか立てていないので、これから細かいことを決める予定だ。
5) 欲しいと思ったものを全部買おうなんて(　　　　)人の考えることだ。

(p.143・確認テストの解答)　問題Ⅰ 1) b 2) a 3) b 4) a 5) b
問題Ⅱ 1) 掘って　2) 真似て　3) 譲ら　4) 招いて　5) 除く／除いた

第3週 2日目 — イ形容詞　状態・様子

怪しい（あやしい）
本当かどうか怪しい　怪しい人

その話は本当かどうか怪しい。
It is doubtful whether the story is true.
那话是真的还是假的，真让人怀疑。

慌ただしい（あわただしい）
慌ただしい毎日　慌ただしく出掛ける

入社してまだ1か月なので慣れなくて、慌ただしい毎日を送っている。
Things are still new to me after one month of working for this company, so my days have been hectic.
进公司才一个月，还没有习惯，每天都过得紧紧张张的。

幼い（おさない）
考え方が幼い　幼いころ

姉は30歳だが、考え方がまだ幼い。
Although my older sister is 30 years old, her way of thinking is still immature.
姐姐都30岁了，但想法还很幼稚。

賢い（かしこい）
賢い動物　賢い方法

犬は賢い動物だ。
Dogs are clever animals.
狗是很聪明的动物。

詳しい（くわしい）
詳しいこと　日本文学に詳しい

詳しいことは今調査中です。
The details are under investigation.
详细情况现在正在调查。

険しい　　険しい山道　険しい顔

険しい山道を歩いて、頂上に着いた。
I walked up a steep mountain trail to the top.
走过险峻的山路，到达了山顶。

騒がしい　　外が騒がしい　騒がしい学生

外が騒がしいので見に行ったら、近所で火事があったらしい。
I went to see what was happening with all the noise outside, and found that there was a fire in the neighborhood.
外面吵吵闹闹的，出去一看，发现好像是邻居发生了火灾。

親しい　　親しい友人　彼女と親しくなる

来週親しい友人が結婚するので、故郷へ帰る予定だ。
I am planning to visit my hometown because my close friend is getting married next week.
因为下个星期我的好朋友要结婚，所以打算回故乡。

酸っぱい　　料理が酸っぱい　酸っぱい食べ物

この料理は酸っぱくて私には食べられない。
This dish is too sour for me to eat.
这道菜太酸了，我吃不了。

騒々しい　　バイクの音が騒々しい　結婚話で騒々しい

バイクの音が騒々しくて、私たちの会話が聞こえない。
The motorcycle is so noisy that we cannot have a conversation.
摩托车的声音太吵了，我们的会话听不见。

鈍い（にぶい）　鈍いナイフ　頭の回転が鈍い

頭の回転が鈍い人にこの仕事はできない。
This job cannot be completed by a slow thinker.
脑子反应迟钝的人，做不了这份工作。

のろい　仕事がのろい　歩き方がのろい

私は仕事がのろいから、みんなに迷惑がかかってしまう。
As a slow worker, I cause problems for other people.
由于我工作得太慢，给大家添麻烦了。

貧（まず）しい　貧しい家庭　心が貧しい

リンカーンは貧しい家庭に生まれ、子どものときからよく働いた。
Lincoln was born to a poor family, and worked hard from the time he was a child.
林肯出生于贫穷的家庭，从小就开始工作了。

まぶしい　太陽がまぶしい　まぶしいぐらい美しい

外に出たら太陽がまぶしくて目が開けられなかった。
When I went outside, the sun was so bright that I could not open my eyes.
一出门，太阳光就晃得人睁不开眼睛。

やかましい　猫の鳴き声がやかましい　規則にやかましい

近所の猫の鳴き声がやかましい。
Cats in the neighborhood are very noisy.
邻居的猫叫声很吵。

確認テスト

【問題Ⅰ】 正しいものに○をつけなさい。

1) 子どものときは { a. 賢く　b. 詳しく } なるように本をたくさん読まされた。
2) テレビの音が { a. 怪しくて　b. やかましくて } 勉強できないよ。
3) 休みの日が3日しかなかったので、{ a. 慌ただしい　b. 騒がしい } 旅行になってしまった。
4) { a. 幼い　b. にぶい } ころ、母が教えてくれた歌を今でもよく覚えている。
5) { a. 酸っぱく　b. まぶしく } なったキムチを野菜と一緒に煮て食べた。

【問題Ⅱ】 （　）に入る適当な言葉を □ から選びなさい。
　　　　　 同じ言葉は一度しか使えません。

|険しい　騒々しい　親しい　のろい　貧しい|

1) 彼女は世界の（　　　　　）子どもたちが学校に行けるように活動を続けた。
2) （　　　　　）友だちが海外へ行ってしまうので寂しい。
3) このバスはすごく（　　　　　）。いったい、いつ駅に着くんだろう。
4) 昨夜は（　　　　　）音楽が外から聞こえてきて寝られなかった。
5) 部長は（　　　　　）表情をして報告書を見ていた。

(p.147・確認テストの解答)　問題Ⅰ 1) a 2) b 3) b 4) b 5) b
問題Ⅱ 1) そそっかしい 2) ずるい 3) だらしない 4) おおざっぱな 5) 欲張りな

第3週 3日目 ナ形容詞　状態・様子

明らか（あきらか）
明らかな証拠　明らかにする

彼女が犯人だという明らかな証拠がある。
There is clear evidence that she is responsible for the crime.
有明确的证据证明她是犯人。

偉大（いだい）
偉大な人物　偉大な業績

私はエジソンを偉大な人物だと思って尊敬している。
I respect Edison as a great figure.
我认为爱迪生是很伟大的人物，所以尊敬他。

おしゃれ
おしゃれな人　おしゃれをする

パーティーにはおしゃれな人がたくさんいて華やかだった。
The party was brilliant with many fashionable people.
因很多时髦的人参加了派对，所以很华丽。

奇妙（きみょう）
奇妙な話　奇妙な格好

海外旅行中の彼が昨日ここに来たとは奇妙な話だ。
It is a strange story that he came here yesterday, although he is supposed to be travelling abroad.
在国外旅游的他，昨天来这里了？真是很奇怪的事。

急激（きゅうげき）
急激な変化　急激に増える

パソコンの普及で私たちの生活には急激な変化があった。
Our lifestyle has changed rapidly with the widespread availability of computers.
电脑的普及使我们生活发生了急剧变化。

豪華(ごうか)
豪華な衣装　豪華に結婚式を挙げる

ミュージカルでは豪華な衣装を着て歌い踊った。
I sang and danced in a gorgeous costume in the musical.
在音乐剧上穿着华丽的服装唱了歌、跳了舞。

公平(こうへい)
公平な態度　公平に判断する

先生は公平な態度で生徒に接していた。
The teacher had a fair attitude to the students.
老师曾以公平的态度对待每位学生。

消極的(しょうきょくてき)
消極的な性格　計画に消極的だ

妹は消極的な性格で、すぐに友だちを作ることができない。
My younger sister is shy, so she cannot make friends easily.
妹妹性格消极，马上交不到朋友。

深刻(しんこく)
深刻な問題　深刻になる

部長が怖い顔をして急いで社長に会いに行った。何か深刻な問題が起こっているようだった。
The director went to see the president with a stern look on his face. Some serious problem seemed to be happening.
部长板着脸急急忙忙去见了老板，好像发生了什么重大问题。

ぜいたく
ぜいたくな生活　ぜいたくをする

彼女は1年に5回も海外旅行をするようなぜいたくな生活をしている。
She enjoys a luxurious lifestyle and travels abroad five times a year.
她过着一年去国外旅游五次这样奢侈的生活。

153

積極的(せっきょくてき)　積極的な人　積極的に発言する

仕事で成功する人は明るくて積極的な人が多い。
People who are successful in business are often cheerful and proactive.
事业成功的人，一般是开朗积极的人很多。

めちゃくちゃ　言うことがめちゃくちゃだ　めちゃくちゃに壊れる

彼女の言うことはめちゃくちゃで、信用できない。
What she says does not make any sense, so I don't trust her.
她说得很荒谬，靠不住。

厄介(やっかい)　厄介な仕事　厄介になる

課長と部長で意見が対立している厄介な仕事を任されてしまった。
I was asked to be in charge of a difficult job about which the section manager and the department manager have conflicting opinions.
科长和部长意见分歧的麻烦工作让我负责。

豊か(ゆた)　豊かな資源　心が豊かになる

この国は豊かな地下資源があるのに、国民は貧しい人が多い。
Although this nation has abundant underground resources, there are many poor people.
这个国家虽然拥有丰富的地下资源，但很多国民却很贫穷。

わずか　わずかな費用　わずか３日

わずかな費用でこんなに素晴らしいパーティーができるなんて驚いてしまう。
I am surprised to see that you can have such a great party at a small cost.
只用很少的钱，居然可以举办这么豪华的派对，真让人大吃一惊。

第3週3日目　ナ形容詞　状態・様子

確認テスト

月　日／10

【問題Ⅰ】　正しいものに○をつけなさい。

1) この機械の故障は原因が分からないので { a.明らかだ　b.厄介だ }。
2) そんな { a.おしゃれをして　b.豪華をして }、どこへ行くの？
3) 問題が起こったら、{ a.公平に　b.豊かに } 意見を聞いて解決しなさい。
4) 農家の人に { a.奇妙な　b.急激な } 形のトマトをもらったが、とてもおいしかった。
5) 両親は以前は私の留学に { a.消極的だった　b.積極的だった } が、今は応援してくれている。

【問題Ⅱ】　（　）に入る適当な言葉を□から選びなさい。
　　　　　同じ言葉は一度しか使えません。

偉大な　深刻な　ぜいたくな　めちゃくちゃな　わずかな

1) 田舎で医者や病院が少ないのは（　　　　　　）問題だ。
2) こんな（　　　　　　）データを報告することはできない。もう一度調査しよう。
3) 彼は経済学で（　　　　　　）業績を残した。
4) オリンピックに出られる（　　　　　　）可能性があるなら、最後まであきらめない。
5) 眺めのいいレストランで食事をすると（　　　　　　）気分になれるね。

(p.151・確認テストの解答)　問題Ⅰ 1) a 2) b 3) a 4) a 5) a
問題Ⅱ 1) 貧しい 2) 親しい 3) のろい 4) 騒々しい 5) 険しい

第3週 4日目 — イ形容詞 感覚・気持ち

うらやましい　　兄がうらやましい　うらやましいほどの美人だ

ギターが弾ける兄がうらやましくて、兄が出掛けたときに一人で弾いてみた。
I was jealous of my brother being able to play guitar, so I played it by myself when he was out.
我曾很羡慕会弹吉他的哥哥，等他出门时我就一个人弹。

惜しい　　時間が惜しい　惜しい試合だ

寝る時間が惜しいくらい、この本はおもしろくて夢中で読んでいる。
I have been so immersed in reading this interesting book that I don't want to take any time to sleep.
这本书很有意思，连睡觉的时间也觉得可惜，一直入迷地看着。

恐ろしい　　ライオンは恐ろしい　恐ろしいスピード

ライオンににらまれたときは恐ろしかった。
I was very scared of the lion staring at me.
狮子瞪着眼睛的时候，很令人害怕。

思いがけない　　～とは思いがけないこと　思いがけないプレゼント

こんなところで山本先生に会うとは思いがけないことだった。
It was totally unexpected to see Mr. Yamamoto here.
没想到在这样的地方与山本老师见了面。

かゆい　　体がかゆい　痛くもかゆくもない

冬になると体がかゆくなることがある。
I sometimes feel itchy all over in winter.
一到冬天，有时候就会觉得身体发痒。

きつい　きつい仕事　靴がきつい

引っ越し屋は重い荷物を運ぶので、きつい仕事だ。
Being a mover is a tough job because you have to carry heavy things.
搬家公司要搬运很重的行李,是很辛苦的工作。

くどい　説明がくどい　味がくどい

部長の説明はくどくて、聞いているのが嫌になる。
I become fed up with listening to the department manager's repetitive explanations.
部长的说明很啰嗦,听起来令人讨厌。

悔しい　試合に負けて悔しい　悔しい思いをする

たった1点の差で試合に負けて悔しい。
I regret losing by only one point.
只有一分之差输了比赛,真令人懊悔。

しつこい　～なんてしつこい　しつこい咳

何度も同じことを聞くなんてしつこいよ。
You very persistent asking the same thing again and again.
同样的问题你问了我好几次,真够磨人啦。

しょうがない　遅刻するのはしょうがない　お腹がすいてしょうがない

電車が遅れたんだから、遅刻するのはしょうがないよ。
You had no choice but to be late because the train was delayed.
因为电车晚点迟到,没有办法啦。

157

頼もしい　　頼もしい人　将来が頼もしい

新しく来た女性の課長はお姉さんみたいで頼もしい人だ。
The new female section manager is a dependable person, like an elder sister.
新来的女科长好像姐姐一样，是很可靠的人。

とんでもない　　～なんてとんでもない　とんでもない計画だ

私に歌の才能があるなんてとんでもない。家族にいつも歌が下手だって言われるんですよ。
It is not at all true that I have singing talent. My family always tells me that my singing is bad.
你说我有唱歌的才能？不会吧。家里人总是说我唱得太难听了。

懐かしい　　故郷が懐かしい　懐かしい歌

もう10年ぐらい帰っていないので、故郷が懐かしい。
I miss my hometown that I have not visited for about 10 years.
我已10年没回故乡了，所以很想念。

憎い　　戦争が憎い　憎い敵

平和や幸せを奪った戦争が憎い。
I hate the war which deprived people of peace and happiness.
我讨厌夺去和平与幸福的战争。

蒸し暑い　　日本の夏は蒸し暑い　蒸し暑い部屋

日本の夏は蒸し暑くて過ごしにくい。
Japanese summer is too hot and humid to live comfortably.
日本的夏天很闷热，难以度过。

第3週4日目　イ形容詞　感覚・気持ち

確認テスト

月　日　／10

【問題Ⅰ】　正しいものに○をつけなさい。

1) ここには古い電話やテレビがあって、{ a. くどい　b. 懐かしい } 感じがした。
2) 今年の新入社員は元気があって意見もきちんと言うので { a. 頼もしい　b. 憎い }。
3) { a. しつこい　b. 蒸し暑い } 日はアイスクリームがよく売れる。
4) ケーキを食べていたら、犬が { a. うらやましそうに　b. 恐ろしそうに } 私を見ていた。
5) けがをして試合に出られなくなった選手は { a. かゆい　b. 悔しい } 思いをするものだ。

【問題Ⅱ】　(　)に入る適当な言葉を□□□から選びなさい。
　　　　　同じ言葉は一度しか使えません。

| 惜しい　思いがけない　きつい　しょうがない　とんでもない |

1) 急な坂道を全力で走り続けるのは(　　　　　)。
2) もうすぐで勝ちそうだったのに、(　　　　　)試合だった。
3) ドラマのストーリーがどうなるのか気になって(　　　　　)。
4) 何年も会っていなかった友達から電話があったのは(　　　　　)ことだった。
5) このパソコンを捨てるなんて(　　　　　)。まだ使えるよ。

(p.155・確認テストの解答)　問題Ⅰ 1) b 2) a 3) a 4) a 5) a
問題Ⅱ 1) 深刻な 2) めちゃくちゃな 3) 偉大な 4) わずかな 5) ぜいたくな

第3週 5日目 ナ形容詞 感覚・気持ち

あいまい　　あいまいな返事　あいまいになる

あいまいな返事しか聞いていないから兄が一緒に行くのか行かないのか私にも分からない。
I don't even know if my older brother is going with me or not from hearing his ambiguous reply.
我只听到很暧昧的回答，所以不知道哥哥是否一起去。

意外　　～とは意外だ　意外と安い

頭のいい彼女が大学に進学しなかったとは意外だ。
I am surprised to hear that a smart person like her did not go to university.
聪明的她不考大学，真让人觉得很意外。

穏やか　　穏やかな天気　穏やかな気持ち

穏やかな天気だったので、川沿いを散歩しました。
Since the weather was nice and calm, I walked along the river.
因风和日丽，所以沿着河边散了散步。

かわいそう　　かわいそうな子ども　かわいそうに、～

親の都合で転校ばかりしていたら子どもがかわいそうだ。
I feel sorry for children who keep changing schools due to their parents' circumstances.
因父母的情况而常常转校的话，孩子会很可怜呀。

気の毒　　気の毒な出来事　気の毒なことをした

せっかく母が来てくれたのに、私が出掛けているときだったので、気の毒なことをした。
I feel bad that my mother visited me but I was out.
母亲特意来找我，但我那时不在，真过意不去。

気楽（きらく）

気楽な生活　気楽に考える

仕事をやめて、写真を撮ったり絵を描いたりして気楽な生活をしている。
Since I quit working, I have been living a carefree life of taking photos and drawing pictures.
我辞掉工作后，拍拍照、画画画儿生活得很轻松。

困難（こんなん）

困難な状況　手に入れるのは困難だ

人気がある歌手のコンサートチケットを手に入れるのは困難だ。
It is difficult to buy a ticket for a concert of a popular singer.
要买到当红歌星的音乐会票是很困难的。

さわやか

さわやかな人　風がさわやかだ

今日は気持ちのいい秋の日で、海から吹いてくる風もさわやかだ。
It is a pleasant autumn day today, with a refreshing ocean breeze.
今天秋高气爽，从海边吹来的风也很清爽。

幸せ（しあわせ）

幸せな人生を送る　幸せになる

結婚おめでとうございます。素敵な彼と幸せになってくださいね。
Congratulations on getting married. I wish you and your great husband a happy life together.
恭喜你们结婚。希望与帅气的他一起幸福到永远。

上品（じょうひん）

上品な服　上品な味

あの人はいつも上品な服を着ているからお金持ちに違いない。
I am sure that she is rich because she always wears stylish outfits.
那个人每次都穿着很高档的衣服，一定是有钱人。

161

素敵(すてき)　素敵なドレス　庭が素敵だ

素敵(すてき)なドレスですね。色(いろ)もきれいで似合(にあ)っていますね。
Your dress is nice. The beautiful color is becoming to you.
好漂亮的礼服。颜色也很好看，很适合你。

清潔(せいけつ)　清潔な格好(せいけつ かっこう)　清潔(せいけつ)にする

普段(ふだん)は洋服(ようふく)に興味(きょうみ)がないが、恋人(こいびと)に会うときは清潔(せいけつ)な格好(かっこう)をするようにしている。
I usually don't care much about what I wear, but I make sure to be immaculately dressed when I see my girlfriend.
平时虽然对服装不感兴趣，但与恋人见面时要穿得整洁一点。

退屈(たいくつ)　退屈な人(たいくつ)　休みの日は退屈だ(たいくつ)

休みの日はすることがなくて退屈(たいくつ)だ。
I am bored with nothing to do on my day off.
休息的时候无事可做，真无聊。

でたらめ　でたらめな答え(こた)　でたらめを言う

試験問題(しけんもんだい)は全然(ぜんぜん)分からなかったので、でたらめな答え(こた)を書いた。
I had no idea how to answer the questions on the exam, so I made up answers.
考的问题我一点儿也不知道，所以写了荒唐的答案。

愉快(ゆかい)　愉快な奴(ゆかい やつ)　愉快に歌う(ゆかい うた)

弟(おとうと)は人を笑(わら)わせるのが得意(とくい)で愉快(ゆかい)な奴(やつ)だ。
My younger brother is a funny guy who is good at making other people laugh.
弟弟很会逗人发笑，是个很快乐的家伙。

確認テスト

【問題Ⅰ】 正しいものに○をつけなさい。

1) この時計は高級に見えるけど、{ a. 意外と　b. でたらめと } 安いんですね。
2) 彼は試合に負けたが、{ a. さわやかな　b. 上品な } 笑顔を見せてくれた。
3) 毎日犬小屋を掃除して { a. あいまいにして　b. 清潔にして } いる。
4) { a. 幸せな　b. 素敵な } 家具がたくさんあって、どれを買うか迷ってしまう。
5) コンサートが中止になるなんて、遠くから来てくれたお客さんには
　 { a. 困難なこと　b. 気の毒なこと } をした。

【問題Ⅱ】（　）に入る適当な言葉を □ から選びなさい。
　　　　　同じ言葉は一度しか使えません。

穏やかな　　かわいそうな　　気楽な　　退屈な　　愉快な

1)（　　　　　　　）奴だなあ。自分の将来のことなんだから、もっとちゃんと考えなよ。
2) 弟は公園に捨てられていた（　　　　　　　）子猫を連れて帰ってきた。
3) 日本に来たばかりのころは、バイトもしていないし友達もいないし
　 （　　　　　　　）日々を送っていた。
4) 私には9人も兄弟がいて、いつも明るくにぎやかで（　　　　　　　）家族です。
5) 石川さんは（　　　　　　　）人なので、怒ったり怒鳴ったりしない。

(p.159・確認テストの解答)　問題Ⅰ 1) b 2) a 3) b 4) a 5) b
問題Ⅱ 1) きつい 2) 惜しい 3) しょうがない 4) 思いがけない 5) とんでもない

副詞的表現　時

第4週 1日目

いきなり
いきなり泣き出す　いきなり言われても困る

楽しく話しているときに吉田さんがいきなり泣き出したから、みんな驚いた。
Since Mr. Yoshida burst into tears while we were enjoying our conversation, everyone was surprised.
正说得很高兴的时候，吉田突然哭了起来，大家都很吃惊。

いずれ
いずれ分かる　いずれの場合も

今は分からなくても、いずれ分かる時が来るだろう。
Even if you do not understand now, you will understand in due time.
你现在虽然不知道，但总有一天会了解我说的意思的。

いつのまにか
いつのまにか寝てしまった　いつのまにか夏休みが終わった

勉強していたつもりが、いつのまにか寝てしまった。
While I was studying, I fell asleep without realizing it.
我本来打算学习，但不知不觉睡着了。

いまにも
いまにも雨が降りそうだ　いまにも泣き出しそうな顔

空は雲に覆われていて、いまにも雨が降りそうだった。
The sky was covered with clouds, and it looked like it could start raining at any time.
天空布满乌云，眼看就要下雨了。

さっそく
さっそく行ってみる　さっそく伝えます

昨日開店したイタリア料理のレストランにさっそく行ってみた。
I already went to the Italian restaurant which just opened yesterday.
昨天刚开了一家意大利餐厅，于是马上就去尝了尝。

しきりに　　しきりに電話が鳴る　しきりに恋しくなる

打ち合わせをしているとき、しきりに部長の携帯電話が鳴っていた。何かあったのだろうか。
I heard my department manager's cell phone keep ringing during the meeting. I wonder if something happened.
在碰头会上，部长的手机频繁地响着。可能有什么事吧？

徐々に　　徐々に明るくなる　徐々に慣れる

日の出で徐々に空が明るくなってきた。
The sky is gradually brightening up due to the sunrise.
太阳出来了，天空渐渐地明亮起来了。

既に　　既に始まっていた　既にご存知だと思いますが、

私が会社に戻ったとき、既に会議は始まっていた。
When I got back to my office, the meeting had already started.
我回公司时，会议已经开始了。

そのうち　　そのうち治るだろう　そのうち会いましょう

足が痛かったがそのうち治るだろうと思って病院へ行かなかった。
I had pain in my leg, but did not go to hospital as I assumed it would soon be healed.
虽然我的脚很疼，但我觉得不久就会好，所以没去医院。

絶えず　　絶えず挑戦する　絶えず笑いがある家庭

社長は満足することなく、絶えず新しいことに挑戦している。
The president is never satisfied with the status quo, and continues to challenge new things.
总经理并不满足，不断地挑战着新的事情。

たちまち　　たちまち売り切れになる　たちまち雨が降ってきた

このパンは人気があって、いつもたちまち売り切れになってしまう。
This bread is so popular that it is always sold out as soon as it's put out.
这个面包很受欢迎，每次马上就卖完了。

ついに　　ついに就職する　ついに帰ってこなかった

大学卒業後7年間アルバイトをしていた友だちがついに就職した。
My friend, who was working part time for seven years after graduating from university, finally got a fulltime job.
大学毕业后打了7年工的朋友，终于找到了正式的工作。

とっくに　　とっくに帰った　とっくに30歳を過ぎている

高橋さんはとっくに帰ったのに、まだ家に着いていないんですか。
Mr. Takahashi left here long ago, so it is strange that he has not arrived at home yet.
高桥早就回家了，但还没有到家吗？

間もなく　　間もなく発車する　間もなく春が来る

この電車は間もなく発車いたします。
This train is going to leave soon.
这辆电车马上就要发车了。

ようやく　　ようやくのんびりできる　ようやく間に合う

この1年間毎日毎日勉強していたが、ようやく受験が終わってのんびりできる。
I had been studying every day for the past year, but I can finally relax now because I finished taking the exam.
这一年中每天一直学习，现在终于考完了，可以悠闲地休息了。

確認テスト

第4週1日目　副詞的表現　時

月　日　／10

【問題Ⅰ】　正しいものに○をつけなさい。

1) 事故でとまっていたが、{ a. いつのまにか　b. ようやく } 電車が動き始めた。
2) 友だちが { a. しきりに　b. たちまち } この本を勧めるので読み始めたのだが、本当におもしろい。
3) { a. いずれ　b. 徐々に } またお会いできると思います。
4) この人形はよくできていて、{ a. いまにも　b. 間もなく } しゃべり出しそうだ。
5) スポーツ選手は体力が衰えないように { a. 絶えず　b. 遂に } 努力しなければならない。

【問題Ⅱ】　（　）に入る適当な言葉を　　　　から選びなさい。
同じ言葉は一度しか使えません。

> いきなり　さっそく　既に　そのうち　とっくに

1) 駅に着いたら、最終電車は（　　　　　）出発したあとだった。もう少しで間に合ったのに残念だ。
2) 前の車が（　　　　　）ブレーキをかけて止まったので、交通事故を起こすところだった。
3) いつもなら（　　　　　）家に着いている時間なのに、父はまだ帰ってきていない。心配だ。
4) 会社に戻ったら（　　　　　）部長に伝え、お返事いたします。
5) 弟の部屋は散らかっているが、（　　　　　）片付けるからと言って全然片付けようとしない。

(p.163・確認テストの解答)　問題Ⅰ 1) a 2) a 3) b 4) b 5) b
問題Ⅱ　1) 気楽な　2) かわいそうな　3) 退屈な　4) 愉快な　5) 穏やかな

第4週 2日目　副詞的表現　○○○り

うっかり　　うっかりする　うっかり（と）忘れ物をする

うっかりして、税金を払う期限が過ぎてしまった。
I carelessly forgot to pay tax by the due date.
一时马虎，过了缴纳税金的期限。

ぎっしり　　ぎっしり（と）入っている　予定はぎっしりだ

母から送られたダンボール箱には食べ物がぎっしり入っていた。
The box my mother sent me was filled with food.
母亲送来的纸箱里装满了食物。

ぐっすり　　ぐっすり（と）寝る

一晩ぐっすり寝れば、風邪なんて治るよ。
One good night's sleep will cure a cold.
好好睡一个晚上的话，感冒就会好。

こっそり　　こっそり（と）抜け出す　こっそり（と）貯金する

パーティーをこっそり抜け出して、夜の庭を散歩した。
I slipped away from the party, and took a walk in the night garden.
悄悄地离开派对，在夜里的庭院散了散步。

さっぱり　　さっぱり（と）した性格　シャワーを浴びてさっぱりする

橋本さんは友だちが多く活発でさっぱりとした性格なので付き合いやすい。
Ms. Hashimoto, who has many friends, is easy to get along with because of her outgoing and straightforward personality.
桥本有很多朋友，因她很活泼又爽快，所以极易相处。

すっきり　　すっきりとしたデザイン　気持ちがすっきりする

来月発売される車はシンプルですっきりとしたデザインが特徴だ。
The car which will go on sale next month is notable for its simple and neat design.
下个月开始出售的汽车，以简朴整洁的设计为特征。

そっくり　　そっくり食べる　顔がそっくりだ

犬は魚を骨ごとそっくり食べてしまった。
The dog ate the entire fish, including the bones.
狗把鱼连骨头都吃完了。

たっぷり　　たっぷり（と）入っている　時間はたっぷりある

チョコレートがたっぷり入っている甘いケーキが大好きです。
I like sweet cakes generously filled with chocolate.
我很喜欢加入很多巧克力的甜蛋糕

にっこり　　にっこり（と）笑う　にっこりする

橋本さんはにっこり笑って挨拶してくれた。
Ms. Hashimoto greeted me smiling.
桥本微笑着和我打了招呼。

ばったり　　ばったり（と）倒れる　ばったり会う

マラソン選手がゴールしてすぐにばったりと倒れてしまった。
The marathon runner fell to the ground immediately after the finish.
马拉松选手跑到终点后就突然倒了下来。

ぴったり　　ぴったり（と）くっつく　ぴったり合（あ）う

コンタクトレンズが目にぴったりとくっついて取（と）れないので困（こま）った。
I was in trouble because the contact lens stuck to my eye and did not come off.
隐形眼镜紧紧地附在眼睛上，取不下来，真为难。

めっきり　　めっきり寒（さむ）くなる　めっきり減（へ）る

めっきり寒くなりましたが、お元気（げんき）でお過（す）ごしですか。
It has gotten remarkably colder. I hope you are well.
一下子就冷起来了，你过得怎么样？

おもいきり／おもいっきり　　おもいきり体（からだ）を動（うご）かす　おもいっきり楽（たの）しむ

おもいきり体を動かして汗（あせ）を流（なが）したら、ストレスもなくなるよ。
If you get good physical exercise and sweat, your stress will be gone.
痛痛快快地运动一下，让汗流出来的话，精神上的压力就会消失。

のんびり　　のんびり（と）暮（く）らす　のんびりする

祖母（そぼ）は田舎（いなか）でのんびりと暮（く）らしている。
My grandmother has a life of ease in the countryside.
祖母在乡下悠闲地生活着。

ぼんやり　　ぼんやり（と）眺（なが）める　ぼんやりする

ぼんやりと外（そと）を眺めていたら、雪（ゆき）が降（ふ）ってきた。
When I was blankly staring outside, it started to snow.
不经意地向外看了看，竟下起雪来了。

確認テスト

【問題Ⅰ】 正しいものに○をつけなさい。

1) 父は年をとって、{ a. ぼんやり b. めっきり } 酒に弱くなった。
2) 山本先生の研究室の本棚には本が { a. ぎっしりと b. たっぷりと } 並んでいる。
3) カラオケに行けば { a. おもいっきり b. にっこり } 大きい声で歌が歌えるよ。
4) 近所で { a. ぐっすり b. ばったり } 友だちに会ったので、駅まで一緒に歩いた。
5) パイロットになる夢は { a. こっそりと b. さっぱりと } あきらめて、商社で働くことにした。

【問題Ⅱ】 （ ）に入る適当な言葉を □ から選びなさい。
同じ言葉は一度しか使えません。

> うっかり　　すっきり　　そっくり　　のんびり　　ぴったり

1) あの二人は顔が（　　　　　）だと思ったら、やっぱり双子だそうだ。
2) 受験が終わったら、少し（　　　　　）したい。
3) 窓は（　　　　　）閉まっているのに、どこかから風が吹いてくる。
4) この映画は主人公が大活躍して敵を倒す物語で、見終わったあと気持ちが
（　　　　　）する映画だ。
5) （　　　　　）電車の中に傘を忘れてしまった。

(p.167・確認テストの解答)　問題Ⅰ 1) b 2) a 3) a 4) a 5) a
問題Ⅱ 1) 既に 2) いきなり 3) とっくに 4) さっそく 5) そのうち

第4週 3日目　副詞的表現　〜と／一〇

きちんと　　きちんと片付ける　きちんとした服装

部長は外出する前にいつもきちんと机の上を片付ける。
My department manager usually cleans up his desk before going out.
部长外出之前，总是会把桌子上面收拾干净。

さっさと　　さっさと終わらせる　さっさと帰る

さっさと仕事を終わらせて、食事をしに行こうよ。
Let's get our work done quickly, and go out to eat.
赶快把工作做完，去吃饭吧。

ざっと　　ざっと目を通す　ざっと500枚のCD

新聞にざっと目を通してきたが、その記事には気付かなかった。
I skimmed through the newspaper, but did not notice the article.
我粗略地浏览了一下报纸，但没注意到那篇报道。

せっせと　　せっせと働く　せっせと通う

祖父は家族のためにせっせと働いて5人の子どもを全員大学へ進学させた。
The grandfather worked hard for his family, and all of his five children went to universities.
祖父为了家人辛勤地工作，让5个孩子都进了大学。

そっと　　そっと歩く　そっとしておく

家族はもう寝ていたので、廊下をそっと歩いて自分の部屋へ行った。
Since my family was already sleeping, I walked quietly in the hallway to go to my room.
家里人已经睡觉了，我悄悄地从走廊走进了我的房间。

ちゃんと　　ちゃんと覚えている　ちゃんと戻す

小学校の同級生の名前は全員ちゃんと覚えている。
I correctly remember the names of all my classmates from elementary school.
小学同学的名字我全都清楚地记着。

どっと　　どっと押し寄せる　どっと笑う

コンサート会場の出口にファンがどっと押し寄せてきた。
Fans rushed to the exits of the concert hall.
在音乐会场的出口处，歌迷们蜂拥而来。

ふと　　ふと思い出す　ふと立ち止まる

旅行したときに出会った人のことをふと思い出すことがある。
I sometimes suddenly remember people I met during my trips.
有时候我会突然想起旅游时认识的人。

わざと　　わざと足を踏む　わざと大きい声で話す

あの男は電車を降りるとき、わざと私の足を踏んでいった。
The man intentionally stepped on my toe as he was getting off the train.
那个男人下车时，故意踩了我的脚。

割と・割に　　割と早く着く　年の割に

1時間ぐらいかかるかと思ったけど、割と早く着いたね。
I thought that it would take about one hour, but we arrived earlier than I expected.
我以为要1个小时左右，没想到却到得比较早。

173

一時 いちじ／いっとき

一時はどうなることかと思った　曇り、一時雨

一時はどうなることかと心配したが、なんとか就職が決まって安心した。
Though I was worried at one time that I could not get a job, I was relieved when I managed to get one.
当时担心不知会怎么样，现在总算找到了工作，放心了。

一段と いちだんと

一段と寒くなる　一段と関心が高まる

今日は一段と寒くなりましたね。
Today is markedly colder.
今天更加冷了。

一斉に いっせいに

一斉にスタートする　一斉に値下げする

マラソン大会で9時に3000人のマラソンランナーが一斉にスタートした。
Three thousand runners started all together at 9 o'clock in the marathon race.
在马拉松大会，一到9点，3000名马拉松选手就同时起跑了。

一層 いっそう

一層努力する　より一層

行きたい大学に合格するためには学力がまだ不十分なので一層努力して勉強しなければならない。
My academic ability is not high enough to allow me to get into the university I would like to attend, so I have to make further efforts in studying.
因我的学习成绩还达不到想上的大学，所以需要更加努力地学习。

いったん

いったん休憩する　いったん決めたこと

いったん休憩して、3時からまた始めます。
We are going to have a break now, and resume at 3 o'clock.
暂且休息一会儿，然后3点再开始。

第4週3日目　　副詞的表現　～と／一〇

確認テスト

月　日　／10

【問題Ⅰ】　正しいものに○をつけなさい。

1) 講演が始まるまで時間がなかったので、300人に配る資料を
　　{ a. 一段と　　b. せっせと } コピーして準備した。
2) { a. いったん　b. わざと } 穴をあけたジーンズを履くのが流行っている。
3) { a. 一時　b. 一層 } は、彼は総理大臣になるだろうとまで言われた人だ。
4) スーパーから出てくるまで、犬は { a. さっさと　b. ちゃんと } 座って待っていた。
5) ラジオの修理はすぐ終わると思ったのに、{ a. どっと　b. 割と } 大変だった。

【問題Ⅱ】　（　）に入る適当な言葉を□□□から選びなさい。
　　　　　同じ言葉は一度しか使えません。

　　　　一斉に　　きちんと　　ざっと　　そっと　　ふと

1) 会議中に資料を忘れたことに気付いたので、会議室から（　　　　　　）出て
　　取りに行った。
2) 会議中に誰かが会議室に入って来たので、みんなが（　　　　　　）ドアの
　　ほうを見た。
3) 会議中に（　　　　　　）外を見たら、ＵＦＯみたいなものが飛んでいた。
4) 全員（　　　　　　）2時に集まったので、すぐに会議が始められた。
5) 会議で（　　　　　　）出張の報告をしたが、あとで部長に細かく報告する
　　つもりだ。

(p.171・確認テストの解答)　　問題Ⅰ 1) b 2) a 3) a 4) b 5) b
問題Ⅱ　1) そっくり　2) のんびり　3) ぴったり　4) すっきり　5) うっかり

175

第4週 4日目　副詞的表現　繰り返しの言葉
いきいき　　いきいき（と）している　いきいき（と）働く

元気のなかった花に水をやったら、いきいきとしてきた。
I watered the plant which was withering, and it became healthy again.
给快枯萎的花浇上水的话，就会变得生机勃勃了。

いらいら　　いらいらする

道路が混んで車が前に進まないからいらいらする。
I am frustrated at being stuck in heavy traffic.
因路上堵车不能前进，很着急。

うろうろ　　うろうろする　うろうろ（と）歩き回る

出口が分からなくなってうろうろしてしまった。
I wandered about, not being able to find the exit.
不知出口在哪里，急得转来转去。

にこにこ　　にこにこする　にこにこ（と）笑う

忙しいときでも橋本さんがにこにこしているのを見ると、私も落ち着いて仕事ができる。
Even if I am busy, I can calmly do my work from looking at Mr. Hashimoto smiling.
虽然很忙，但看到桥本笑吟吟的样子，我也就能从容地工作了。

のろのろ　　のろのろする　のろのろ（と）歩く

のろのろと運転していたら、後ろの車に追い越された。
I was passed by the car behind while I was slowly driving.
我慢慢地开着车，结果被后面的车超车了。

はきはき　はきはきした子　はきはき（と）答える

私は子どものときから活発ではきはきした子でした。
I have been outgoing and bubbly since I was little.
我从小就是个活泼爽快的人。

ぴかぴか　ぴかぴか光る　ぴかぴかに磨く

空で何かがぴかぴか光った。飛行機だろうか。
Something just glittered in the sky. I wonder if it was an airplane.
天上有什么东西一闪一闪的。会不会是飞机？

まごまご　まごまごする

ゼミで突然意見を求められてまごまごしてしまった。
I was at a loss when I was suddenly asked to give my opinion in the seminar.
课堂讨论时，突然问我的意见，让我不知所措。

いちいち　いちいち文句を言う　いちいち気にしない

あの人はいちいち文句を言うから、みんなに嫌われている。
That person complains about everything, so everyone hates him.
他对别人总是一一挑剔，所以大家都讨厌他。

いよいよ　いよいよ始まる　いよいよ面白くなってきた

いよいよ来週からオリンピックが始まる。
Finally, the Olympics will start next week.
奥运会下周终于要开始了。

続々(ぞくぞく)
続々(と)集まる　続々(と)来る

各国(かっこく)の大統領(だいとうりょう)や首相(しゅしょう)が続々(ぞくぞく)と集(あつ)まって、もうすぐ平和会議(へいわかいぎ)が始(はじ)まる。
The peace conference will start soon, with presidents and prime ministers of nations gathering one after another.
各国的总统、首相陆续聚集，和平会议就快要开始了。

たまたま
たまたま家(いえ)にいた　たまたま知(し)っている人だった

たまたまその日は家(いえ)にいたが、休日はたいてい外出している。
I was at home by chance on that day, but I usually go out on my day off.
那天我偶然在家，不过一般休息的时候我都去外面。

別々(べつべつ)
別々(べつべつ)に包(つつ)む　別々(べつべつ)の席(せき)

プレゼントを1つずつ別々(べつべつ)に包(つつ)んでください。
Please wrap the presents separately.
请把礼物一个一个地分开包装。

ますます
ますます欲(ほ)しくなる　ますます景気(けいき)が悪化(あっか)する

欲(ほ)しかったかばんを友だちがもっているのを見て、ますます欲(ほ)しくなった。
Seeing my friend carrying a bag I wanted made me want the bag more than ever.
我看到朋友拿着我想要的皮包，于是就更想要了。

もともと
もともと布(ぬの)を売買(ばいばい)する会社だった　もともと行くつもりはなかった

この会社はもともと布(ぬの)を売(う)る会社だったが、今は総合商社(そうごうしょうしゃ)になっている。
This company was originally a fabrics seller, but now has become a general trading company.
这家公司原来是销售布料的，但现在成了综合商社。

第4週4日目　副詞的表現　繰り返しの言葉

確認テスト

月　日　／10

【問題Ⅰ】　正しいものに○をつけなさい。

1) クリスマスツリーが　{ a. にこにこ　b. ぴかぴか }　光っている。
2) 家族旅行をするが、父は明日まで仕事があるので { a. 別々に　b. ますます }　出発する。
3) { a. いちいち　b. いよいよ }　親切に説明していたら時間が足りない。
4) 広告を見た人から、どこで商品を買えるかという問い合わせの電話が
　 { a. 続々と　b. まごまごと }　来ています。
5) 変な男が公園を　{ a. いらいら　b. うろうろ }　している。警察に電話したほうがいいかもしれない。

【問題Ⅱ】　(　　)に入る適当な言葉を□□□から選びなさい。
　　　　　同じ言葉は一度しか使えません。

> いきいき　　たまたま　　のろのろ　　はきはき　　もともと

1) 彼は（　　　　　　）人前で話をするのが好きな人だったから、今の仕事は彼に合っていると思う。
2) このクラスの子どもたちはみんな（　　　　　）していて気持ちがいい。
3) 帰り道に（　　　　　）友だちに会って、いろいろ話していたら帰る時間が遅くなった。
4) そんなに（　　　　　）歩いていたら、映画が始まっちゃうよ。
5) あの人は好きな演劇をやっているときは（　　　　　　）して輝いているね。

(p.175・確認テストの解答)　問題Ⅰ 1) b　2) b　3) a　4) b　5) b
問題Ⅱ 1) そっと　2) 一斉に　3) ふと　4) きちんと　5) ざっと

179

第4週 5日目 副詞的表現 その他

相変わらず
相変わらず元気だ　相変わらず毎朝ジョギングしている

お元気ですか。私は相変わらず元気です。
How are you? I am fine, as usual.
你好吗？我和往常一样很健康。

あいにく
あいにく父は出掛けてしまった　あいにくの雨

遠くから来ていただいたのに、あいにく父は出掛けてしまって今いないんです。
I am afraid to tell you since you came all the way to visit my father, but he is out right now.
您特意从大老远来，但是真不凑巧父亲现在不在。

恐らく
恐らくいい天気になるだろう　恐らく3時ごろになるだろう

星がきれいに見えるから、恐らく明日もいい天気になるだろう。
Stars are shining beautifully, so we probably will have a nice day tomorrow too.
能清楚地看到星星，明天大概也是个好天气吧。

思わず
思わず笑ってしまう　思わずカメラのシャッターを押す

彼が変な顔をしたので、思わず笑ってしまった。
He made a funny face, so I couldn't help laughing.
他做了个鬼脸，我禁不住笑了。

必ずしも
必ずしも正しいとは言えない　必ずしも不幸ではない

親を尊敬することは必要だが、必ずしも親が正しいとは言えない。
It is important to respect your parents, but it doesn't necessarily mean that they are always right.
虽然说要尊敬父母，但并不能说父母都是正确的。

せっかく　　せっかくおいしいものを作ったのに　せっかくの休日

家族のためにせっかくおいしい料理を作ったのに、誰も帰ってこない。
After all my hard work cooking a delicious meal for my family, nobody comes home.
特意为家人做了好吃的菜，但是谁也没有回来。

せめて　　せめてエッフェル塔だけでも見たい　せめて3位以内に入りたい

仕事で来ているので観光できないのは仕方ないが、せめてエッフェル塔だけでも見たい。
I understand that I cannot go sightseeing since this is a business trip, but I would like to see at least the Eiffel Tower.
虽说是因工作而来，不能观光是没有办法的事，但至少想看看埃菲尔铁塔。

たしか　　たしか3年前だったと思う　たしかこの店で買った

私が初めて佐藤さんに会ったのは、たしか3年前だったと思う。
I think it was three years ago when I first met Ms. Sato.
我第一次见佐藤，好像是在3年前。

つい　　つい食べすぎてしまう　ついうっかりする

料理がおいしくて、つい食べすぎてしまった。
The food was so tasty that I overate.
菜很好吃，所以不由得吃多了。

どうせ　　どうせ合格できない　どうせやるなら

今から一生懸命勉強しても、どうせ合格できない。
I know that I can't pass, even if I start studying hard from now.
即使现在开始拼命学习，终归也不能合格。

とにかく　　とにかく休んだほうがいい　とにかくかわいい

大切な仕事があるのは分かるけど、体調が悪いなら、とにかく休んだほうがいいよ。
I understand that you have important business to do, but you had better rest anyway if you feel sick.
虽然知道你有重要的工作，但不管怎么说如果身体不太好的话，最好还是休息休息吧。

果たして　　果たしてどうなるのだろうか　果たして彼は優勝した

この物語の結末は果たしてどうなるんだろう。
What is going to happen at the end of this story?
这故事的结局到底怎样了？

まさか　　まさか勝つとは思わなかった　まさかの時

まさか私たちのチームが勝つとは思わなかった。
I never expected that our team would win.
没想到我们队会赢。

まさに　　私の言いたいことをまさに〜　まさに出発しようとしていた時

私の言いたいことをまさに彼が言ってくれた。
He said exactly what I wanted to say.
我想说的话，全都被他说了。

まるで　　まるで人形のようだ　まるで分からない

あの女の子はとてもかわいくて、まるで人形のようだ。
The girl is very pretty, just like a doll.
那个女孩子很可爱，好像个娃娃。

第4週5日目　副詞的表現　その他

確認テスト

月　　日　／10

【問題Ⅰ】　正しいものに○をつけなさい。

1) クリスマスも正月も関係なく、兄は { a. 相変わらず　b. 必ずしも } 仕事で忙しい。
2) { a. たしか　b. つい } うっかりして、他の人の傘を持ってきてしまった。
3) こんな台風の日に { a. 果たして　b. まさに } 彼は来るだろうか。
4) 私たちで話し合っても分からないから、{ a. 恐らく　b. とにかく } 先生に聞いてみよう。
5) { a. せっかく　b. どうせ } 負けるから、試合に出たくない。

【問題Ⅱ】　(　) に入る適当な言葉を□から選びなさい。
同じ言葉は一度しか使えません。

あいにく　思わず　せめて　まさか　まるで

1) 土曜日は (　　　　) 仕事があるので、家でのんびりすることはできない。
2) 突然背中を叩かれたのでびっくりして (　　　　) 大声で叫んでしまった。
3) (　　　　)、この書類、一人で全部作ったの？すごい。
4) 今日中にレポートを提出するのは無理だ。(　　　　) 明日まで待ってほしい。
5) 大好きな歌手に会えるなんて、(　　　　) 夢のようだ。

(p.179・確認テストの解答)　問題Ⅰ 1) b　2) a　3) a　4) a　5) b
問題Ⅱ 1) もともと　2) はきはき　3) たまたま　4) のろのろ　5) いきいき

第5週 1日目 — 名詞　人付合い

相手（あいて）
電話の相手　相手をする

会話の内容を聞いていると、部長の電話の相手は社長だと分かる。
I can tell the department manager is talking to the president on the phone by listening to the conversation.
听说话的内容，知道与部长打电话的人是总经理。

いたずら
いたずらをする　子どもはいたずらが好きだ

花火を使っていたずらをするのは危険だ。
It is dangerous to get into mischief using fireworks.
用烟花恶作剧是很危险的。

依頼（いらい）
依頼がある　ご依頼の件ですが、

ある会社からマーケット調査の依頼があった。
Some company requested a market survey.
接到了某公司市场调查的依赖。

打ち合わせ（うちあわせ）
（→打ち合わせる p276）　打ち合わせは3時からだ　打ち合わせをする

打ち合わせは3時から5階の会議室で行う。
The meeting will be held in the 5th-floor meeting room from 3 o'clock.
碰头会3点在5楼的会议室举行。

うわさ
うわさを聞く　うわさ通り

佐藤さんが結婚したといううわさを聞いた。
I heard that Mr. Sato got married.
听说佐藤结婚了。

お辞儀（じぎ）
お辞儀の仕方　お辞儀をする

新入社員の研修でお客様へのお辞儀の仕方を習った。
I learned how to bow to customers in the new employees' training session.
在新员工的培训中学习了向客人的鞠躬方式。

おしゃべり
（→しゃべる p.126）　おしゃべりをする　あの人はおしゃべりだ

学生時代の友だちに会うと、帰る時間を忘れてずっとおしゃべりをしている。
When I see my friends from school days, I keep talking without noticing the time to go home.
与学生时代的朋友一见面，就一直聊天忘了回家的时间。

お互い（たが）
お互いの家族　お互い（に）頑張りましょう

結婚式の前にお互いの親戚に挨拶した。
We greeted each other's relatives before the wedding.
婚礼前，问候了双方的亲戚。

言葉づかい（ことば）
言葉づかいがきれいだ　言葉づかいに気をつける

言葉づかいがきれいで上品な女性にあこがれる。
I like elegant women who speak politely.
我很崇拜谈吐文雅有品位的女性。

知り合い（しあ）
知り合いがいる　知り合いになる

東京に知り合いがいるので、日本に来たばかりのころはその人の家に泊まっていた。
I have an acquaintance in Tokyo, who allowed me to stay at his house when I had just come to Japan.
我在东京有熟人，刚来日本时就住在那个人的家里。

態度（たいど）　授業中の態度　政府の態度

彼は授業中の態度が悪くて、よく先生に注意されていた。
His teacher often warned him about his bad attitude during class.
他上课时的态度不好，因此常常被老师注意。

付き合い（つきあい）（→付き合う p.138）　小学生からの付き合い　付き合いがいい

吉田さんとは小学生からの長い付き合いだ。
I have known Ms. Yoshida for a long time since elementary school.
我与吉田从小学生就开始交往了。

つながり　親子のつながり　2つの事件のつながり

親子のつながりは簡単には切れない。
It is not easy to break the connection between parents and children.
与父母的关系不是简单地就可以断绝的。

独り言（ひとりごと）　独り言を言う　独り言が多い

近所のおばあさんが独り言を言いながら歩いていた。
The old neighbor woman was walking around talking to herself.
邻居的阿姨边走边自言自语地说着什么。

利害（りがい）　利害がぶつかり合う　利害が一致する

各国の利害がぶつかり合っているから、環境問題は簡単に解決できない。
Conflicting interests among nations make environmental problems difficult to resolve.
因与各国的利益有冲撞，因此环境问题不是简单地就能解决的。

第5週1日目　名詞　人付合い

確認テスト

月　日　/10

【問題Ⅰ】　間違っているものに○をつけなさい。

1) 私と高橋さんは長年の　{ a. 知り合い　b. 付き合い　c. うわさ }　です。
2) 思っていることは　{ a. つながり　b. 言葉づかい　c. 態度 }　に出てしまうものだ。
3) 子どものときは　{ a. いたずら　b. つながり　c. おしゃべり }　ばかりして先生によく叱られた。
4) 今週中に新しいホームページ作成の　{ a. 依頼　b. お辞儀　c. 打ち合わせ }　をしなければならない。
5) 何か問題が起こったら　{ a. 相手　b. お互い　c. 利害 }　の立場になって考えてみよう。

【問題Ⅱ】　(　)に入る適当な言葉を□□から選びなさい。
　　　　　同じ言葉は一度しか使えません。

| 依頼　打ち合わせ　おしゃべり　つながり　独り言 |

1) この文章と次の文章にどんな(　　　　　)があるのか分かりにくい。
2) 大企業から化粧品のマーケット調査の(　　　　　)を受けた。
3) (　　　　　)中に電話が何度もかかってきた。
4) バスの中で知らない人に話しかけられたと思ったら、(　　　　　)だったようだ。
5) うるさいから(　　　　　)をやめなさい。

(p.183・確認テストの解答)　問題Ⅰ　1) a　2) b　3) a　4) b　5) b
問題Ⅱ　1) あいにく　2) 思わず　3) まさか　4) せめて　5) まるで

第5週 2日目 名詞　身の回り

空っぽ
財布が空っぽだ　頭の中が空っぽになる

財布が空っぽで、今月はもう何も買えない。
My wallet is empty, so I cannot buy anything this month.
钱包里没有钱，这个月什么也不能买。

逆
逆の方向　順番を逆にする

5歳の男の子はゴールと逆の方向に走っていってしまった。
The 5-year-old boy had run in the opposite direction of the goal.
5岁的男孩子向着与终点相反的方向跑了去。

広告
広告が出ている　広告の効果

新聞に新しいノートパソコンの広告が出ていた。
I saw an advertisement of the new notebook PC in the newspaper.
报纸上刊登了新款电脑的广告。

交差点
交差点に交番がある　交差点を左に曲がる

交差点に交番があるので、その前で会いましょう。
Let's meet in front of the police box at the crossing.
十字路口有个派出所，我们在那前面见面吧。

住まい
住まいは横浜だ　ひとり住まい

会社は東京ですが、住まいは横浜です。
I work in Tokyo, but my house is in Yokohama.
公司在东京，但我住在横滨。

税金（ぜいきん）
税金がかかる　税金を納める
（ぜいきん）　　（ぜいきん）（おさ）

この商品は5％の税金がかかっている。
（しょうひん）　　（ぜいきん）
There is a 5% tax on this product.
这个产品需要 5% 的税金。

騒音（そうおん）
騒音がひどい　騒音を防止する
（そうおん）　　（そうおん）（ぼうし）

この通りは車の騒音がひどい。
　　（とお）　　（そうおん）
This street is very noisy from the traffic.
这条路车的噪音很厉害。

出来事（できごと）
毎日の出来事　思いがけない出来事
　　（できごと）（おも）　　　（できごと）

毎日の出来事を日記に書いている。
　　（できごと）（にっき）
I write down what happened every day in my diary.
我每天把发生的事情写在日记里。

手続き（てつづ）
入学手続き　手続きを間違える
（てつづ）　（てつづ）（まちが）

入学手続きは今月の20日までにしてください。
（てつづ）　　　　（はつか）
The admission procedure should be completed by the 20th of next month.
请在这个月 20 日前办理好入学手续。

中身（なかみ）
箱の中身　中身のない男
（はこ）（なかみ）（なかみ）

この箱の中身は何ですか。
　（はこ）（なかみ）
What is in this box?
这个箱子里面装的是什么？

189

斜め（なな）　斜め前（ななまえ）　斜めに渡る（ななにわたる）

会社の斜め前にコンビニがある。
There is a convenience store diagonally across from the company.
在公司的斜对面有一家便利店。

満員（まんいん）　ホテルが満員だ（ホテルがまんいんだ）　満員電車（まんいんでんしゃ）

8月はどのホテルも満員で、今から予約をするのは無理だ。
All the hotels are booked in August, and it is impossible to make a reservation now.
8月份无论哪家酒店都爆满，现在才预约来不及了。

人込み（ひとごみ）　人込みを避ける（ひとごみをさける）　人込みの中に消える（ひとごみのなかにきえる）

人込みを避けるために遠回りをして駅まで行った。
I went the long way around to the station to avoid the crowd.
为了避开拥挤的人群，绕道去了车站。

容積（ようせき）　瓶の容積（びんのようせき）　ごみの容積（ごみのようせき）

この瓶の容積は2リットルだ。
The volume of this bottle is two liters.
这个瓶的容量是2公升。

流行（りゅうこう）　流行の先端（りゅうこうのせんたん）　流行遅れ（りゅうこうおくれ）

姉はいつも流行の先端を行っていてセンスのいい服やかばんを持っている。
My older sister is always in the forefront of fashion with nice clothes and bags.
姐姐每次都走在流行的前端，服装和皮包都很有品位。

確認テスト

月　日　／10

【問題Ⅰ】 正しいものに○をつけなさい。

1) 今のアパートは狭いので、新しい { a. 住まい　b. 容積 } を探している。
2) こちらの丸いケーキの { a. 空っぽ　b. 中身 } はチョコレートです。
3) 我が社の商品の { a. 広告　b. 交差点 } を雑誌に出した。
4) 彼女が天才ですって？いいえ、その { a. 逆　b. 斜め } ですよ。
   彼女は努力して才能を身につけた人です。
5) 交差点はものすごい { a. 人込み　b. 満員 } で、渡るのが大変だった。

【問題Ⅱ】 （　）に入る適当な言葉を▢から選びなさい。
同じ言葉は一度しか使えません。

税金　騒音　出来事　手続き　流行

1) （　　　　　）を納めに市役所へ行った。
2) 私の住んでいるマンションで、ピアノやギターによる（　　　　　）が問題になっている。
3) ペットを海外へ連れて行く（　　　　　）はとても複雑で面倒だった。
4) 姉は（　　　　　）を追って海外のドラマを見ている。
5) 去年の（　　　　　）で一番印象に残ったことは何ですか。

(p.187・確認テストの解答)　問題Ⅰ 1) c 2) a 3) b 4) b 5) c
問題Ⅱ 1) つながり 2) 依頼 3) 打ち合わせ 4) 独り言 5) おしゃべり

191

名詞　抽象

勢い (いきおい)
勢いがいい会社　火の勢い

活気があって勢いのいい会社で働きたい。
I want to work for a bustling and vibrant company.
我想在充满活力且蓬勃发展的公司工作。

宇宙 (うちゅう)
宇宙から見た地球　宇宙人

宇宙から地球を見た人は「地球は青かった」と言ったそうだ。
I heard that a person who saw the earth from space said, "The earth is blue."
听从宇宙看过地球的人说"地球是蓝色的"

有無 (うむ)
経験の有無　有無を言わせず

経験の有無によって給料が決まる。
Your salary is determined according to your experience.
工资是根据经验的多少来决定的。

影響 (えいきょう)
台風の影響　影響を及ぼす

台風の影響で電車が止まってしまって、学校に行けなかった。
The trains were stopped because of the typhoon, so I could not go to school.
受台风的影响，电车停运，不能去学校了。

きっかけ
日本映画を見たのがきっかけだ　就職したのをきっかけに

日本に興味を持ったのは5年前に日本映画を見たのがきっかけでした。
A Japanese movie I saw five years ago made me interested in Japan.
我对日本感兴趣的起因是5年前看了一部日本电影。

工夫 【くふう】　工夫する　ちょっとした工夫

ちょっとした工夫で、部屋がきれいに片付いた。
A little creativity made the room nice and clean.
用了一点儿办法，将房间收拾好了。

進歩 【しんぽ】　進歩する　進歩が速い

コンピューターの進歩が速くて、私たちの知識はすぐ古くなってしまう。
Computers are progressing so rapidly that our knowledge goes out of date quickly.
电脑的发展很快，我们的知识马上就跟不上了。

神話 【しんわ】　ギリシャ神話　神話になる

ギリシャ神話には体の半分が人間で半分が蛇の神が出てくる。
There is a snake god whose body is half-human and half-snake in Greek mythology.
希腊神话里有个身体的一半是人，另一半是蛇的神。

立場 【たちば】　立場を考える　医者の立場から言うと

もう学生じゃないんだから、立場を考えて行動しなさい。
You are not a student anymore, so you have to know your place when you behave.
你已不是学生了，考虑好自己的立场后再行动吧。

雰囲気 【ふんいき】　雰囲気がいい　大人っぽい雰囲気

この会社は活気があって、とても雰囲気がいい。
This company is a bustling place with a very nice atmosphere.
这家公司充满活力，气氛非常好。

平和（へいわ）
平和を守る（へいわ を まもる）　平和運動（へいわ うんどう）

世界の平和を守るために働きたい。
I want to work to contribute to the maintenance of world peace.
我想为保卫世界和平而工作。

能力（のうりょく）
能力がある（のうりょく が ある）　能力別クラス（のうりょくべつ クラス）

このチームの監督は若い選手を育てる能力がある。
This team's coach has a good ability to train inexperienced players.
这个队的教练有培养年轻选手的能力。

唯一（ゆいいつ）
唯一の友だち（ゆいいつ の ともだち）　唯一無二（ゆいいつ むに）

彼は私が心から信頼している唯一の友だ。
He is the only friend whom I can sincerely trust.
他是我唯一相信的朋友。

世の中（よのなか）
世の中のことを知らない（よのなか の こと を しらない）　便利な世の中（べんり な よのなか）

あの子はまだ働いた経験がなくて世の中のことを知らない。
She has no experience of working, and does not know much of the world.
那个孩子还没有工作经验，对这个社会还一无所知。

余裕（よゆう）
時間に余裕がある（じかん に よゆう が ある）　他の人の気持ちを考える余裕（ほか の ひと の きもち を かんがえる よゆう）

出掛けるまで少し時間に余裕があるからコーヒーを飲もう。
I still have some free time before leaving, so I am going to have some coffee.
临出发前还有一点儿时间，去喝杯咖啡吧。

第5週3日目　名詞　抽象

確認テスト

月　　日　／10

【問題Ⅰ】　正しいものに○をつけなさい。

1) あの島に行く { a. 工夫　b. 唯一 } の交通手段は船だ。
2) 自分の思ったとおりにならないのが { a. 雰囲気　b. 世の中 } だ。
3) 欠席者の { a. 有無　b. 唯一 } を確認してから出発した。
4) このタクシーにもう一人乗る { a. 余裕　b. 進歩 } はないから、別のに乗ってください。
5) { a. 神話　b. 平和 } に暮らしたいと思うのは世界中の誰でも同じだろう。

【問題Ⅱ】　（　）に入る適当な言葉を□から選びなさい。
同じ言葉は一度しか使えません。

勢い　影響　きっかけ　立場　雰囲気

1) ドアを閉める（　　　　　）が強すぎて、棚に入っていたものが落ちた。
2) 子どものころに見たアニメに（　　　　　）を受けて、漫画家になろうと決めた。
3) 私があなたの（　　　　　）だったら、妹さんの結婚を応援してあげますよ。
4) この病院は患者が医者や看護師に話しかけやすい（　　　　　）を作る努力をしている。
5) 友だちに誘われたのが（　　　　　）でヨガを始めた。

(p.191・確認テストの解答)　問題Ⅰ　1) a　2) b　3) a　4) a　5) a
問題Ⅱ　1) 税金　2) 騒音　3) 手続き　4) 流行　5) 出来事

第5週 4日目 名詞 体・症状

あくび　あくびをする　あくびが止（と）まらない

授業中（じゅぎょうちゅう）にあくびをしたら先生に叱（しか）られた。
My teacher yelled at me for yawning during the class.
我在上课时打哈欠，被老师批评了。

汗（あせ）　汗（あせ）をかく　汗（あせ）でぬれる

テニスをして汗（あせ）をかいたのでシャワーを浴（あ）びた。
I sweated from playing tennis, so I took a shower.
打网球出了一身汗，去洗了个澡。

命（いのち）　命（いのち）を救（すく）う　命（いのち）にかかわる病気（びょうき）

医者（いしゃ）は人の命（いのち）を救（すく）う仕事（しごと）をしている。
Doctors are working to save people's lives.
医生的工作是救死扶伤。

うがい　うがいをする　手洗（あら）いとうがい

家（いえ）に帰（かえ）ったら最初（さいしょ）にうがいをすることにしている。
I always gargle first when I get home.
回家后先漱口。

傷（きず）　足に傷（きず）を負（お）う　車に傷（きず）がつく

階段（かいだん）で転（ころ）んで足に傷（きず）を負（お）った。
I fell on the stairs, and injured my leg.
在台阶上摔倒了，把脚弄伤了。

癖 (くせ)

前髪を触る癖　癖がある字

橋本さんは電話で話しながら前髪を触る癖がある。
Mr. Hashimoto has a habit of touching his hair on the front of his head while talking on the phone.
桥本有边打电话边摸刘海儿的习惯。

寿命 (じゅみょう)

寿命が延びる　平均寿命

日本の女性の平均寿命は86歳で世界一だ。
The average life expectancy of Japanese women is 86, which is the longest in the world.
日本女性的平均寿命为86岁，是世界最长寿的。

症状 (しょうじょう)

熱やせきの症状　症状が安定している

熱やせきの症状だけだったので風邪薬を飲んで病院には行かなかった。
I only had a fever and cough, so I took some cold medicine and did not go to hospital.
只有发烧和咳嗽的症状，喝了感冒药没去医院。

しわ

手にしわがある　ズボンのしわを伸ばす

おばあさんの手にはしわがたくさんある。
There are lots of wrinkles on an old woman's hand.
老奶奶的手布满了皱纹

姿 (すがた)

元気な姿　姿が見えなくなる

母親は息子の姿が見えなくなるまで見送った。
The mother saw off the son until he was out of sight.
母亲送儿子一直送到看不见为止。

せき　　せきが出る　せきが止(と)まらない

せきが出るのでマスクをしている。
I wear a mask because I cough.
因为咳嗽，所以戴着口罩。

涙(なみだ)　　涙(なみだ)が出る　涙(なみだ)をふく

玉(たま)ねぎを切(き)っていたら涙(なみだ)が出た。
Cutting onions caused my eyes to water.
切洋葱就会流眼泪。

吐(は)き気　　吐(は)き気がする　吐(は)き気を抑(おさ)える

熱(ねつ)があって吐(は)き気がするので会社を休んだ。
I did not go to the company because of a fever and nausea.
发烧而且感到恶心，所以跟公司请了假。

骨(ほね)　　骨(ほね)を折(お)る　傘(かさ)の骨(ほね)

スキーをして転(ころ)んで足の骨(ほね)を折(お)った。
I broke my leg from falling while skiing.
滑雪时摔倒了，把脚弄骨折了。

めまい　　めまいを起(お)こす　美(うつく)しさにめまいがする

２日間何も食べていないの？そんなことしたらめまいを起(お)こすよ。
You haven't had anything to eat for two days? It will make you dizzy.
你两天没吃饭了？这么做的话，会头晕的。

確認テスト

【問題Ⅰ】 正しいものに○をつけなさい。

1) つまらない講義で { a.あくび　b.めまい } が出てしまう。
2) シャワーを浴びて { a.汗　b.うがい } を流したらさっぱりした。
3) 祖母は笑うと顔にたくさん { a.しわ　b.骨 } が出る。
4) 悲しい映画を見たら { a.涙　b.吐き気 } があふれて止まらなかった。
5) 病院で { a.傷　b.せき } を止める薬をもらった。

【問題Ⅱ】 (　　) に入る適当な言葉を □ から選びなさい。
　　　　　同じ言葉は一度しか使えません。

> 命　癖　寿命　症状　姿

1) 我が国の平均（　　　　　）は男性も女性も少しずつ延びている。
2) つい（　　　　　）で腕を組んでしまう。
3) 彼は手術をしないと（　　　　　）が危ない。
4) ファッションショーでは、服のデザインも素晴らしかったが、モデルの歩く（　　　　　）にも感心した。
5) 風邪の（　　　　　）が悪化したので、すぐに病院に行った。

(p.195・確認テストの解答)　　問題Ⅰ 1) b　2) b　3) a　4) a　5) b
問題Ⅱ 1) 勢い　2) 影響　3) 立場　4) 雰囲気　5) きっかけ

名詞　感情・感覚

第5週　5日目

思い出（おもで）
思い出の品　思い出になる

今日の結婚式は一生の思い出になるだろう。
Today's wedding ceremony will be the most memorable day of my life.
今天的婚礼一定会永远留在心中的。

覚悟（かくご）
一人で生活する覚悟　覚悟の上だ

あの男の子は15歳なのに家を出て一人で生活する覚悟だ。
He is only 15, but has prepared to live alone away from his family.
那个男孩子才15岁就准备离开家一个人生活。

我慢（がまん）
我慢する　我慢が足りない

感動的な映画を見て泣きそうになったが、周りに人がたくさんいたので我慢した。
I was close to crying while watching the touching movie, but controlled myself because there were many people around.
看让人感动的电影时，很想哭，但周围有很多人，所以强忍着了。

勘（かん）
勘がいい　勘違いする

あの新入社員は勘がいいのでどんどん仕事を覚える。
That quick-witted new employee can learn his job fast.
那个新员工领悟能力很高，能很顺利地将工作记住。

恐縮（きょうしゅく）
恐縮する　恐縮ですが、～

丁寧な手紙をいただき、恐縮してしまった。
I was humbled to receive such a polite letter.
收到这么诚恳的信，实在是不敢当。

見当 (けんとう)
見当もつかない　見当が外れる

会社が倒産してしまって、これからどうやって生活すればいいのか見当もつかない。
My company went bankrupt, so I haven't got a clue how I can make a living.
公司倒闭了，今后该怎么生活，真是一点儿头绪也没有。

検討 (けんとう)
検討する　検討中だ

新しいパソコンを買うつもりなので、どのパソコンがいいか比較して検討したい。
I am going to buy a new computer, so I would like to compare some to get the best one.
打算买新电脑，所以想研究一下哪一个比较好。

心当たり (こころあたり)
心当たりを探す　心当たりがない

携帯電話をなくしたので心当たりを探したが見つからなかった。
I lost my cell phone. I looked for it in every likely place, but couldn't find it.
我的手机丢了，在该找的地方都找了，但没找到。

好み (このみ)
(→好む p.106) 人によって好みが違う　好みに合う

人によって好みは違うから、こんな奇妙なデザインのかばんも売れるんだ。
People's preferences differ, so even bags with such a strange design can be sold.
真是喜好因人而异，连这么奇怪的皮包也有人买。

自慢 (じまん)
自慢する　自慢の車

佐藤さんは有名な俳優に会ったことをみんなに自慢した。
Mr. Sato proudly told everyone that he met a famous actor.
佐藤跟大家炫耀了他见过有名的演员。

201

責任（せきにん）　責任がある　責任をとる

父は自分には子どもたちを立派に育てる責任があるとよく言っていた。
My father used to say that he had a responsibility for raising his children successfully.
父亲常说将孩子培养好是自己的责任。

敵（てき）　試合の敵　ダイエットの敵

試合中は敵でも、試合が終われば友人だ。
He is my enemy during a game, but is a friend after the game.
即使在比赛中是对手，但在比赛后还是朋友。

秘密（ひみつ）　秘密が多い　秘密を守る

あの人は秘密の多い人で、何を考えているのか分からない人だ。
That person is very secretive, so I don't understand what he is thinking.
那个人有很多秘密，不知道在想什么。

負担（ふたん）　負担がかかる　負担を軽くする

仕事を休むと他の社員に負担がかかるから休みたくない。
I don't want to take a day off because it would be a burden to other employees.
如果休息的话，会给其他员工添麻烦，所以不想休息。

誇り（ほこり）　誇りに思う　我が社の誇り

彼女はオリンピックで活躍している息子を見て誇りに思った。
She was proud of her son, seeing him doing great in the Olympics.
看到活跃在奥运会上的儿子，她感到很自豪。

第5週5日目　名詞　感情・感覚

確認テスト

月　日　／10

【問題Ⅰ】　正しいものに○をつけなさい。

1) 仕事中に彼がどこへ行ってしまったのか、全く { a. 心当たり　b. 誇り } がない。
2) { a. 責任　b. 負担 } のある仕事を任されるようになって、仕事が楽しくなった。
3) 頭をドアにぶつけて、{ a. 我慢　b. 見当 } できないくらい痛かった。
4) 油の多い食べ物はダイエットの { a. 勘　b. 敵 } です。
5) この病院は広い場所への移転を { a. 検討　b. 秘密 } している。

【問題Ⅱ】　(　)に入る適当な言葉を□から選びなさい。
　　　　　同じ言葉は一度しか使えません。

思い出　覚悟　恐縮　好み　自慢

1) 彼は会社を辞めて農業で生活する(　　　　　)を決めた。
2) 私は辛いのが(　　　　　)だから、タイ料理や韓国料理をよく食べます。
3) 彼は料理の腕が(　　　　　)で、時々友だちを家に招待して料理を作ってくれる。
4) (　　　　　)ですが、お返事を今週中にお願いいたします。
5) 先生に叱られたことは今ではいい(　　　　　)です。

(p.199・確認テストの解答)　問題Ⅰ 1) a　2) a　3) a　4) a　5) b
問題Ⅱ 1) 寿命　2) 癖　3) 命　4) 姿　5) 症状

第6週 1日目 名詞 その他

あらすじ
映画のあらすじ　あらすじも覚えていない

映画のあらすじを聞いたら見に行きたくなった。
Hearing a summary of the movie made me want to go and watch it.
听了电影的概要，我想去看这部电影了。

限り
限りがある資源　命の（ある）限り

限りのある資源を大切にしなければならない。
We must value finite resources.
要珍惜有限的资源。

組み合わせ
試合の組み合わせ　赤と黒の組み合わせ

試合の組み合わせは試合をする日に決まる。
The teams will know which team they will face on the day of the match.
比赛的分组将在比赛当日决定。

暮らし
今の暮らしに慣れる　一人暮らし

外国の暮らしに慣れて、一人で買い物もできるし友だちもたくさんできた。
Having gotten used to living in a different country, I can shop by myself and have many friends now.
我已习惯了国外的生活，可以一个人买东西，而且还交了很多朋友。

交替・交代
交替で運転する　ピッチャーを交代する

長距離のドライブだったので、私たちは交替で車の運転をした。
We took turns driving the car during the long-distance drive.
因为是长距离的开车，我们是互相替换着开的。

障害 （しょうがい）

障害となる　　耳に障害がある

家に駐車場のないことが車を買うときに大きな障害となった。
No parking space at the house was a big obstacle to buying a car.
家里没有停车场，是买车的很大障碍。

省略 （しょうりゃく）

省略が多い　　以下、省略

若い人たちの言葉は省略が多くて分かりにくい。
Young people's language, which is filled with abbreviations, is difficult to understand.
年轻人说话省略太多，很难听懂。

素人 （しろうと）

ゴルフに関して素人　　素人にも分かりやすい

私はゴルフに関しては全くの素人ですので、いろいろと教えてください。
I am a complete amateur at golf, so please teach me.
我对打高尔夫球完全是个外行，请多多指教。

制限 （せいげん）

年齢の制限がある　　制限速度

参加に年齢や性別の制限はありませんので、皆さんどうぞ来てください。
With no restriction on age or gender for participation, we welcome everyone.
参加没有年龄和性别的限制，欢迎大家来。

祖先 （そせん）

人間の祖先　　祖先を敬う

人間の祖先とチンパンジーの祖先は同じだ。
Humans and chimpanzees share a common ancestor.
人的祖先和黑猩猩的祖先是一样的。

年寄り　お年寄りに席を譲る　この犬は年寄りだ

電車やバスではお年寄りに席を譲りましょう。
Please yield your seat to elderly people on trains and buses.
在电车和公共汽车上，请将座位让给老人吧。

なぞ　なぞが多い　なぞが解ける

彼女は自分のことをあまり話さないのでなぞが多い。
She does not talk about herself much and thus is mysterious.
她很少说自己的事，有很多秘密。

双子　双子が生まれる　双子の弟

双子が生まれて、4人家族が6人家族になった。
Twins were born, and our family has expanded from four to six.
生了一对双胞胎，4口之家变成了6口之家。

普段　普段は　普段の通り

普段は駅まで自転車で行くが、今日は雨だったので歩いた。
I usually ride my bike to the station, but walked today because it was raining.
平时骑自行车去车站，今天下雨所以走着去了。

冒険　島を冒険する　冒険心

これは誰も住んでいない島を少年たちが冒険する物語だ。
This is an adventure story of boys who explore an uninhabited island.
这是个少年们在无人岛上冒险的故事。

確認テスト

第6週1日目　名詞　その他

月　　日　／10

【問題Ⅰ】　正しいものに○をつけなさい。

1) 私は株に関しては {　a. 素人　b. 年寄り　} で詳しいことは分かりませんが、今買うなら食品会社がいいそうですよ。
2) そのセーターとズボンの {　a. 組み合わせ　b. なぞ　} は素敵だね。
3) あの二人は {　a. 祖先　b. 双子　} だが、顔も声も性格も全然違う。
4) ヘレン・ケラーは2歳のときに目と耳に {　a. 障害　b. なぞ　} を持つようになった。
5) ドイツの高校に入学したことは、15歳の私には {　a. 省略　b. 冒険　} だった。

【問題Ⅱ】　（　）に入る適当な言葉を□□□から選びなさい。
同じ言葉は一度しか使えません。

| 限り | 暮らし | 交替 | 制限 | 普段 |

1) （　　　　　）は7時に起きるが、明日は早く起きるつもりだ。
2) 工場では6時間（　　　　　）で社員が働いている。
3) この無料のパソコンソフトは使用できる回数が（　　　　　）されている。
4) 東京の（　　　　　）は忙しすぎて私には合わない。
5) 私は命のある（　　　　　）働きたい。

(p.203・確認テストの解答)　問題Ⅰ　1) a　2) a　3) a　4) b　5) a
問題Ⅱ　1) 覚悟　2) 好み　3) 自慢　4) 恐縮　5) 思い出

接続表現や副詞

第6週 2日目

あるいは　　社長あるいは副社長　あるいは〜かもしれない

来月、社長あるいは副社長のどちらかがアメリカ出張へ行く予定です。
Either the president or the vice president is going to go on a business trip to the US next month.
下个月，总经理或副总经理他们其中的一位打算去美国出差。

いわば　　いわば水と油の関係　いわば飾りみたいなもの

実際は会長がこの会社を動かしている。いわば社長は飾りみたいなものだ。
The chairman is actually running this company. The president is a kind of decoration.
实际上是会长在经营这家公司，总经理只是相当于一个摆设。

現に　　現に見た　現に交通事故が起こった

ＵＦＯは存在します。現にこの目で見たんです。
UFOs exist. I actually saw one.
飞碟是存在的，我确实亲眼见过。

さて　　さて、次は　さて、どうしよう

吉田先生どうもありがとうございました。…さて、次は山本先生にヨーロッパ経済について話をしていただきます。
Thank you, Mr. Yoshida. Now, we will next welcome Mr. Yamamoto, talking about the European economy.
谢谢吉田老师。那么，接下来，请山本老师讲讲关于欧洲的经济。

更に　　更に頑張ろう　更に驚いたことに、

私たちのサッカーチームはベスト４に残ることができた。更に優勝を目指して頑張ろう。
Our soccer team has advanced to the semi-finals. We will play even harder to win the championship.
我们的足球队已进入了四强。我们要为取得冠军而更加努力。

しかも

しかも安い　　遅れて来て、しかも謝ろうとしない

このカメラは性能が良くて軽い。しかも安い。
This camera has good performance and is lightweight. Moreover, it is inexpensive.
这架照相机性能好重量轻，而且还很便宜。

したがって

したがって値段も高い　　したがって謝るつもりもない

これは質のいいダイヤだ。したがって値段も高い。
This is a high-quality diamond. Therefore, the price is also high.
这是优质宝石，因此价格也很昂贵。

すなわち

江戸、すなわち現在の東京　　愛するとは、すなわち

愛するとは、すなわち相手の幸せを願うことだ。
To love someone is to wish for that person's happiness.
爱对方就希望对方幸福。

ただし

ただし、雨の場合は中止だ　　ただしお酒を飲まなければ

高橋さんは優しくてとてもいい人だよ。ただしお酒を飲まなければね。
Mr. Takahashi is a kind and very nice person, unless he is drunk.
高桥性格温和，是个好人。只是在不喝酒的时候。

つまり

親同士が兄弟、つまりいとこ　　いろいろなことを言っているが、つまり

さっきからいろいろなことを言っているけど、つまりこの仕事をやりたくないんだね。
You have been telling me lots of things, but do you mean that you don't want to do this job?
从刚才开始你一直说这说那的，总的来说就是不想做这份工作，对吧？

209

ところが　ところが雨が降ってきた　ところが会社が倒産した

急成長している会社に転職した。ところがその会社が倒産してしまった。
I moved to a new job at a fast-growing company. However, the company went bankrupt.
我跳槽到了高速发展的公司，但这个公司倒闭了。

ところで　ところで昨日の件、どうしますか　ところで、昼ごはんはどこで食べようか

会議が長くて疲れたね。ところで、昼ごはんはどこで食べようか。
It was a long, tiring meeting, wasn't it? By the way, where shall we have lunch?
开了很长时间的会，累了吧。对了，咱们在哪里吃饭？

なお　なお、詳しいことが分かりましたらお知らせします　なお都合がいい

報告は以上です。なお、詳しいことが分かりましたら、すぐに皆様にお知らせします。
That's all for my report. If I find out more details, I will let you know at once.
我的报告就到此结束。另外，我如果知道详细情况后，会立刻通知各位的。

なぜなら(ば)　なぜなら(ば)桜が咲きそうだから　なぜなら(ば)入院中だから

春が来るのを感じました。なぜなら桜の花が咲きそうだったからです。
I felt that spring is coming because the cherry blossoms were about to bloom.
我觉得春天来了，因为樱花好像要开了。

むしろ　歌手というよりむしろ女優　むしろ死んだほうがいい

このままずっと彼に会えないなら、むしろ死んだほうがいい。
If I could not see him anymore, I would rather die.
如果就这样一直不能见他，我还不如死了好。

確認テスト

第6週2日目　接続表現や副詞

月　日　／10

【問題Ⅰ】　正しいものに○をつけなさい。

1) 本日はお越しいただきありがとうございました。{ a. なお　b. 現に }
本日のパンフレットをご購入される方はロビーで販売しております。

2) これはパンというより { a. 更に　b. むしろ } お菓子だね。

3) 妹は一生懸命勉強して大学に合格した。{ a. ところが　b. ところで }
就職すると言い出した。

4) 日本の国土は約70％が山だ。{ a. いわば　b. したがって }、少ない平地に
人口が集中してしまう。

5) このレストランは体にいい料理を出すし、おいしいし、{ a. しかも　b. つまり }
おしゃれな雰囲気でとても気に入っている。

【問題Ⅱ】　（　　）に入る適当な言葉を 　　　 から選びなさい。
同じ言葉は一度しか使えません。

| あるいは　さて　すなわち　但し　なぜなら |

1) 進学しようか、（　　　　　）就職しようか悩んでいる。

2) 彼はゲーマー、（　　　　　）コンピューターゲームが大好きで、時間もお金
もゲームに使っているような人だ。

3) （　　　　　）、次のテーマに入ります。次のテーマはロボットの商品化についてです。

4) 今日は友だちに会ってたくさんおしゃべりがしたい気分だ。
（　　　　　）試験が終わったばかりだから。

5) 調査の結果、インターネット利用者は増えていないことが分かった。
（　　　　　）、利用時間は増加している。

(p.207・確認テストの解答)　問題Ⅰ　1) a　2) a　3) b　4) a　5) b
問題Ⅱ　1) 普段　2) 交替　3) 制限　4) 暮らし　5) 限り

第6週 3日目 カタカナ語 仕事・勉強

インタビュー　　インタビューする　インタビューを受ける

姉は新聞記者として総理大臣にインタビューした。
My older sister interviewed the prime minister as a newspaper reporter.
姐姐作为报社记者采访了总理大臣。

オフィス　　オフィスは東京にある　オフィスビル

私の会社のオフィスは東京と大阪にあります。
My company has offices in Tokyo and Osaka.
我们公司的办公室在东京和大阪。

キャンパス　　キャンパスに食堂がある　キャンパスを歩く

大学のキャンパスには食堂や図書館もあるので、1日過ごせる。
There is a cafeteria and library at the university campus, so I can spend all day there.
大学校区里有食堂和图书馆，在那里可待一整天。

サラリーマン　　夫はサラリーマンだ　サラリーマンの給料

夫はサラリーマンだから平日は仕事があって先生の講演を聞きに行くことはできませんが、先生の書いた本は全部読んでいます。
My husband cannot go to your lectures because he is a corporate employee who has to work weekdays, but he has read all your books.
丈夫是上班族，平日工作不能去听老师的讲演，但老师写的书都看过了。

スケジュール　　スケジュールを組む　スケジュールはいっぱいだ

5日間の出張のスケジュールを組んで課長に報告した。
I made a schedule for a five-day business trip, and reported it to the section manager.
将5天的出差日程安排好后，汇报给了科长。

スピーチ　　スピーチを頼まれる　スピーチ（を）する

友だちの結婚式のスピーチを頼まれて、何を話すか考えている。
Since I was asked to make a speech at my friend's wedding, I have been thinking what I will talk about.
朋友拜托我在他的婚礼上致词，我在考虑说些什么。

スライド　　スライドが映る　スケジュールをスライドさせる

家のパソコンで作ったスライドが発表会場で映らなかったので困った。
I was troubled when the slides I created on my home PC were not shown at the presentation hall.
用家里电脑制作的幻灯在发表会上不能放，令我很为难。

ゼミ　　大学のゼミ　ゼミを取る

山本先生に大学のゼミで大変お世話になった。
Prof. Yamamoto gave me a lot of support in my university seminar class.
山本老师在大学的讨论会上对我很关照。

テーマ　　論文のテーマ　テーマに沿う

この作文はテーマに沿った内容ではないから書きなおすように言われた。
I was told that I have to rewrite this essay because its content is not suitable for the theme.
说这篇作文是文不对题，让重写。

プリント　　プリントを配る　プリントする

授業の最後に先生は宿題のプリントを配った。
The teacher handed out a homework assignment at the end of class.
上课的最后，老师分发了作业资料。

プロ　　プロの選手　　プロの世界

プロの世界で成功するには、誰よりも努力しなければならない。
You have to make more effort than anyone else in order to be successful in the professional world.
要想在职业选手中取得成功，就应该比其他人付出更多努力。

ベテラン　　ベテランの看護師　　その道のベテラン

あの人はこの病院で30年も働いているベテランの看護師で、どんな質問でも答えてくれる。
She is a veteran nurse who has been working at this hospital for 30 years, and she can answer any kind question.
那个人在这家医院工作了30年了，是个老护士，什么问题都难不到她。

ミス　　ミスを犯す　　私のミス

仕事で3度も同じミスを犯して上司に叱られた。
My boss was angry at me because I made the same mistake three times.
在工作中，同样的错误犯了3次，受到了上司的批评。

ラッシュアワー　　ラッシュアワーを避ける　　ラッシュアワーに事故がある

朝のラッシュアワーを避けて通勤している。
I commute to work outside of the morning rush hour.
避开早上的高峰时间去上班。

レベル　　学力のレベルが高い　　レベルが落ちる

結婚して生活レベルが落ちるより、給料が全部自分のためだけに使える今の生活のほうがいい。
I would rather choose my current lifestyle, where I can use my salary all for myself, than a married life with a lower standard of living.
与其结了婚以后降低生活水平，不如像现在这样的生活工资全部自己用。

第6週3日目　カタカナ語　仕事・勉強

確認テスト

月　　日　／10

【問題Ⅰ】 正しいものに〇をつけなさい。

1) 私の大学では馬を飼っていて、{ a. インタビュー　b. キャンパス } に馬小屋があった。

2) { a. サラリーマン　b. オフィス } だからといって、残業や転勤は仕方がないと諦める必要はない。

3) { a. ベテラン　b. ラッシュアワー } が終わるまで駅のホームは禁煙だ。

4) 出張へ行く日が1日ずれたので、出張中の5日間のスケジュールを全部1日後ろに{ a. スライド　b. ゼミ } させた。

5) 彼は将棋の { a. インタビュー　b. プロ } だから、素人の私が勝てるはずがない。

【問題Ⅱ】 (　) に入る適当な言葉を □ から選びなさい。
同じ言葉は一度しか使えません。

> スケジュール　スピーチ　プリント　ミス　レベル

1) (　　　　　) をするときはメモを見ないで前を見るようにしましょう。

2) 会議に必要な資料を (　　　　　) して机の上に置いておいた。

3) パソコンで作った資料を削除するという (　　　　　) を犯してしまった。

4) こんな不良品を作るなんて、あの会社も (　　　　　) が落ちたものだ。

5) (　　　　　) を確認してから、もう一度電話します。

(p.211・確認テストの解答)　問題Ⅰ 1) a 2) b 3) a 4) b 5) a
問題Ⅱ 1) あるいは 2) すなわち 3) さて 4) なぜなら 5) 但し

215

カタカナ語　衣食住（いしょくじゅう）

第6週 4日目

アンテナ　　テレビのアンテナ　アンテナを張(は)る

野口(のぐち)さんは常(つね)に情報(じょうほう)のアンテナを張(は)って仕事(しごと)にいかしている。
Mr. Noguchi always keeps his antenna fully spread out for information to utilize in his work.
野口常常注意收集信息，并将此用于工作。

エチケット　　周(まわ)りの人に対(たい)するエチケット　エチケットに反(はん)する

たばこ嫌(きら)いな人の前でたばこを吸(す)うのはエチケットに反(はん)することだ。
It is bad etiquette to smoke in front of someone who hates cigarette smoking.
在讨厌烟的人前吸烟是不礼貌的。

カロリー　　カロリーが高い　カロリーを消費(しょうひ)する

肉(にく)やケーキはカロリーが高いので、たくさん食べないようにしている。
I try not to eat too much meat or cakes because they are high in calories.
肉、蛋糕的热量太高，尽量少吃。

クーラー　　クーラーを設置(せっち)する　クーラーをつけたままにする

昨日(きのう)は暑(あつ)くて暑(あつ)くてクーラーをつけたまま寝(ね)てしまった。
Because it was unbearably hot yesterday, I slept with the air conditioner on.
昨天太热了，开着空调睡了。

クリーニング　　クリーニングする　クリーニング屋(や)

ホテルで背広(せびろ)をクリーニングしてもらった。
I had my suit cleaned at the hotel.
在酒店把西服干洗了。

コンセント　　コンセントに差し込む　コンセントを抜く

このパソコンは家のコンセントに差し込むだけでインターネットも使えるようになります。
This PC allows you to use the Internet only by being plugged in at home.
这台电脑只要将插头插入家里的插座就能上网了。

ソファー　　ソファーに座る　ソファーの背

母は居間のソファーに座って庭を眺めるのが好きだった。
My mother used to look out at the garden while sitting down on the sofa.
母亲曾喜欢坐在客厅的沙发上看着院子。

タオル　　タオルで顔をふく　バスタオル

顔を洗ったら濡れたままにしないで、タオルでちゃんとふきなさい。
Don't leave your face wet after washing. Dry it well.
洗脸后不要就那样满脸都是水，用毛巾好好擦擦。

デモ　　デモに加わる　デモ行進

昔、デモに加わった人は逮捕された。
In the past, people who joined demonstrations were arrested.
以前参加示威游行的人被逮捕了。

パターン　　試験のパターン　4パターンに分ける

試験のパターンに慣れるために過去の問題で練習したほうがいい。
It is better to practice with past exams to become familiar with the exam pattern.
为了习惯考试的模式，练习一下过去的考题比较好。

ビタミン　　ビタミンをとる　ビタミン不足

ビタミンCをとるためにレモンジュースを飲んでいる。
I drink lemon juice for vitamin C.
为了摄取维他命C，喝柠檬汁。

ビニール　　ビニールで覆う　ビニール袋

大雨が降りそうだったから、庭に植えた野菜をビニールで覆った。
Since it looked like heavy rain would come, I covered the vegetables planted in the garden with a plastic cover.
看样子会下雨，用塑料将在种在院子里的蔬菜盖上了。

マスク　　マスクをつける　甘いマスクをしている

風邪をひいたのでマスクをつけて学校へ行った。
I caught a cold, so I went to school with a mask on.
因为感冒了，所以戴着口罩去了学校。

レンズ　　レンズをみがく　眼鏡のレンズ

目が悪くなって眼鏡のレンズが合わなくなった。
My eyes are getting weak, and the lenses of my glasses are not strong enough now.
视力下降，眼镜的镜片不合适了。

ロッカー　　ロッカーに荷物を入れる　ロッカールーム

スポーツジムではロッカーに荷物を入れて着替えてから運動をする。
People put their belongings in lockers, change clothes, and then do exercise at a sports gym.
在健身房，先把行李放入更衣柜里，换好衣服后再去运动。

第6週4日目　カタカナ語　衣食住

確認テスト

月　日　／10

【問題Ⅰ】　正しいものに○をつけなさい。

1) 「掃除終わったから、そこの掃除機の { a. コンセント　b. デモ } 抜いてくれる？」
2) 最近、行動が { a. タオル　b. パターン } 化して、同じ時間に起きて同じ時間に出かけて仕事をして帰ってくるだけの毎日だ。
3) テレビの { a. アンテナ　b. クーラー } の工事をするために屋根の上にのぼった。
4) { a. ソファー　b. ロッカー } にお金など大切なものを入れないでください。
5) インフルエンザが流行って、{ a. クリーニング　b. マスク } をつけている人が増えた。

【問題Ⅱ】　(　)に入る適当な言葉を □ から選びなさい。
　　　　　同じ言葉は一度しか使えません。

| エチケット　　カロリー　　ビタミン　　ビニール　　レンズ |

1) 眼鏡のフレームはそのままで、(　　　　　) だけ新しいものに取りかえた。
2) 姉は健康に関心が高く、毎日 (　　　　　) を計算して食事をしている。
3) せきをするときはハンカチで口をおさえるのが (　　　　　) だ。
4) この人形は子どもがプールやお風呂で遊べるように (　　　　　) で作られている。
5) 目が疲れて痛い。(　　　　　) 不足かもしれない。

(p.215・確認テストの解答)　問題Ⅰ　1) b　2) a　3) b　4) a　5) b
問題Ⅱ　1) スピーチ　2) プリント　3) ミス　4) レベル　5) スケジュール

第6週 5日目 カタカナ語　余暇(よか)

アイデア　　アイデアが浮(う)かぶ　アイデア商品(しょうひん)

この店で主婦(しゅふ)が考えたおもしろいアイデア商品(しょうひん)が売(う)られている。
This shop sells an interesting novelty product which was invented by a housewife.
这家商店出售家庭主妇想出来的有趣的创意商品。

イメージ　　無口(むくち)なイメージ　イメージがわく

あの人は無口(むくち)なイメージだったが、実際(じっさい)に話したらとてもよくしゃべる人だったので驚(おどろ)いた。
I had imagined that she was quiet, but she surprised me by talking a lot when we actually talked.
那个人给人一种沉默寡言的印象，但实际上与他说话后，会很吃惊地发现原来是个很爱说话的人。

エネルギー　　エネルギーを節約(せつやく)する　エネルギー資源(しげん)

太陽電池(たいようでんち)を使(つか)って、エネルギーを節約(せつやく)する家庭(かてい)が増(ふ)えてきた。
There is an increasing number of households which save energy by using solar cells.
使用太阳能电池节约能源的家庭增加了。

エンジン　　車のエンジン　エンジンがかかる

車のエンジンをかけると変(へん)な音(おと)がするので、修理(しゅうり)を依頼(いらい)した。
I heard a strange noise when I started the car engine, so I requested service.
一发动引擎，就有奇怪的声音，所以来修理了。

オーケストラ　　オーケストラのコンサート　オーケストラでバイオリンを弾(ひ)く

毎年おおみそかに家族(かぞく)でオーケストラのコンサートに行く。
My family goes to an orchestra concert on New Year's Eve every year.
每年除夕，全家一起去听管弦乐的演奏会。

コミュニケーション　コミュニケーションをとる　社長と社員のコミュニケーション

旅行でその国の人とコミュニケーションをとるために、英会話を習っている。
I learn English conversation hoping to communicate with local people on my trips.
我为了旅游时能和那个国家的人们交流，在学习英语会话。

スタイル　新しいスタイルの車　スタイルがいい

彼女は背も高いしスタイルもいいし顔もきれいなので、モデルになれる。
Being tall and having a good figure and beautiful face, she can be a model.
她个子很高，体型又好，长得也很漂亮，能当模特。

バランス　仕事と趣味のバランス　バランスをとる

ヨガのポーズをします。片足を上げてバランスをとってください。
We will do a yoga pose. Balance while standing on one leg.
做瑜伽的姿势。请把一条腿抬起来，保持平衡。

プラン　プランを立てる　料金プラン

最近メールをすることが増えたので、携帯電話の料金プランを変更した。
Since I send more e-mails recently, I changed the price plan of my cell phone.
最近使用短信的时候增加了，所以变更了手机话费方案。

フリー　フリーのカメラマン　フリーのソフト

彼はフリーのカメラマンとして、世界中を旅行しながら写真を撮っている。
He has been travelling all over the world taking photos as a freelance photographer.
他作为自由摄影师，边周游世界边拍照片。

プログラム　　コンサートのプログラム　コンピュータのプログラム

クラシックコンサートのプログラムに指揮者(しきしゃ)の挨拶(あいさつ)が載(の)っていた。
There was a message of greeting by the conductor in the program of the classic concert.
在古典音乐演奏会的节目单上印着指挥家的致词。

ユーモア　　ユーモアがある人　ユーモアにあふれている

あの人はユーモアがあって、いつもみんなを笑(わら)わせている。
That person is full of humor and makes everyone laugh all the time.
他很幽默，每次都逗得大家发笑。

リズム　　速(はや)いリズムの曲(きょく)　リズムに乗(の)る

小さい子どもがリズムに乗(の)って踊(おど)っている。
A little child is dancing to the rhythm.
小孩子在随着节奏跳舞。

レクリエーション　　レクリエーションの時間(じかん)　レクリエーション施設(しせつ)

学校のレクリエーションの時間にスケートへ行った。
I went skating during school recreation time.
我们在学校的娱乐时间去滑冰了。

レジャー　　レジャーを楽(たの)しむ　レジャー産業(さんぎょう)

週末(しゅうまつ)は家族(かぞく)と一緒(いっしょ)にレジャーを楽(たの)しむことにしている。
I usually enjoy leisure activities with my family on weekends.
周末与家人一起愉快地休闲。

確認テスト

第6週5日目　カタカナ語　余暇

月　日　／10

【問題Ⅰ】　正しいものに○をつけなさい。

1) 父の { a. アイデア　b. プログラム } で、母の誕生日に家族が一つずつ料理を作ることにした。

2) 隣の家の車の { a. エンジン　b. フリー } の音がすごくうるさい。

3) 長いマフラーをするのが今年流行の { a. スタイル　b. レジャー } だ。

4) 彼は14歳まで中国にいたので、中国語で { a. コミュニケーション　b. リズム } がとれる。

5) スポーツ選手は栄養の { a. プラン　b. バランス } がとれた食事をするように心掛けている。

【問題Ⅱ】　(　) に入る適当な言葉を [　　　] から選びなさい。
同じ言葉は一度しか使えません。

| イメージ　　エネルギー　　オーケストラ　　ユーモア　　レクリエーション |

1) 20代のころは自分の (　　　　) を全部趣味のバイクに使っていた。

2) 日本へ来る前は日本は美しい国だという (　　　　) があったけど、来てみたら違った。

3) この絵本は夢のある話で (　　　　) もあふれていて、私の大好きな本です。

4) いつもはCDで聞いている曲を (　　　　) の生演奏で聞くと全然違う曲に聞こえるね。

5) 友だちといろいろな (　　　　) ができる大きい公園へ行って、バーベキューをした。

(p.219・確認テストの解答)　問題Ⅰ　1) a　2) b　3) a　4) b　5) b
問題Ⅱ　1) レンズ　2) カロリー　3) エチケット　4) ビニール　5) ビタミン

第7週 1日目 漢語　意／引／応

意義（いぎ）
意義がある　意義深い

留学したことは私の人生に大きな意義があった。
Studying abroad meant a lot in my life.
留学对我的人生有了很大意义。

意思・意志（いし・いし）
意思が通じる　意志が強い

初めての海外旅行でことばが分からなかったとき、下手な絵を描いたら意思が通じたので嬉しかった。
I was happy to be able to communicate through my bad drawing when I did not understand the language in my first trip abroad.
第一次去国外旅游听不懂时，我就画画，虽然我画得不好，但能沟通，所以我感到很高兴。

意識（いしき）
意識する　意識を失う

きれいな姿勢で歩くことを意識すると印象もいいし健康にもいい。
Being conscious of keeping good posture while walking makes a good impression and is good for health, too.
下意识地用漂亮的姿势走路的话，既能给人好印象，又很健康。

敬意（けいい）
敬意を表する　敬意をもつ

お年寄りに対して敬意をもって接するべきだ。
People should treat elderly people with respect.
应该尊敬地对待老人。

得意（とくい）
得意なスポーツ　得意になる

彼はギターの腕をほめられて得意になっている。
He is acting puffed up because someone praised his guitar skills.
他弹吉他的技术得到了表扬，很得意。

引退　　引退する　引退試合
　　いんたい　　いんたい　　いんたいじあい

有名な女性歌手が病気で引退した。
The famous female singer retired due to illness.
那个有名的女歌手因病引退了。

引用　　引用する　引用が多い
　　いんよう　　いんよう　　いんよう

彼は時々ドイツの研究家の論文を引用する。
He sometimes quotes papers by a German researcher.
他有时引用德国研究家的论文。

引力　　引力がある　引力に逆らう
　　いんりょく　いんりょく　　いんりょく　さか

地球に引力があるから、私たちは立っていることができる。
We can stand on the ground because of the earth's gravity.
因为地球有引力，所以我们可以站立。

強引　　強引に買わされた　強引なやり方
　　ごういん　　ごういん　　　　ごういん　かた

デパートで買いたくない化粧品を強引に買わされた。
I was forced to buy a cosmetic product I was not even interested in at a department store.
在百货公司我被强迫买了原本不想买的化妆品。

割引　　割引する　2割引
　　わりびき　わりびき　　わりびき

来週までに大型テレビを買うと、割引されますよ。
If you buy a large-size TV by next week, there will be a discount.
到下周为止，买大型电视机可以得到优惠。

一応（いちおう）　一応完成する　これでも一応

私はいつも安い服を着ているけど、これでも一応モデルの仕事をしているんです。
Although I always wear cheap clothes, my job is a model, which may be hard to believe.
虽然我每次穿的衣服都很便宜，但即使是这样我也还是做模特工作的。

応援（おうえん）　応援する　応援のおかげ

私が応援しているチームは決勝戦で負けてしまった。
The team I support lost in the final game.
我支持的队在决赛时输了。

応接（おうせつ）　応接室　応接セット

お客様は応接室で社長をお待ちです。
The visitor is waiting for the president in the reception room.
客人在接待室等着总经理。

応対（おうたい）　応対をする　電話の応対

どの店員も客の応対をしていて忙しそうだ。
All the shop workers look busy talking to customers.
好像每个服务员都在忙着接待客人。

応用（おうよう）　応用できる　応用問題

大学で習ったマーケティング調査の方法はいろいろな産業分野に応用できる。
The marketing survey method I learned at my university is applicable to various industrial fields.
在大学学习的市场调查方法，可应用于各行各业。

第7週1日目　漢語　意／引／応

確認テスト

月　日　／10

【問題Ⅰ】　正しいものに○をつけなさい。

1) このゲームは近所の店で2｛ a. 応対　b. 得意　c. 割引 ｝で買った。
2) 前の総理大臣は政治家を｛ a. 意義　b. 引退　c. 応対 ｝して、今はのんびり暮らしている。
3) 彼女は甘えん坊だけど、あれでも｛ a. 意識　b. 一応　c. 強引 ｝3人の子どもの母親だよ。
4) 社長はリンカーンの言ったことを｛ a. 引用　b. 応援　c. 強引 ｝して新入社員に挨拶の言葉を述べた。
5) ボランティア活動をしている人の話を聞いて、ボランティアの｛ a. 意義　b. 敬意　c. 得意 ｝を考えさせられた。

【問題Ⅱ】　（　　）に入る適当な言葉を　　　　から選びなさい。
同じ言葉は一度しか使えません。

　　　意志　　意識　　応援　　応用　　得意

1) マラソン大会に出場したとき、会社のみんなが（　　　　）しに来てくれた。
2) 彼とは最初から結婚を（　　　　）して付き合っている。
3) 兄は一度決めたことは最後までやり続ける（　　　　）の強い人だ。
4) 私は人の話を聞くのが（　　　　）ではないので、カウンセラーにはなれないと思います。
5) クローン羊が生まれた時から、人間への（　　　　）は可能だと言われている。

(p.223・確認テストの解答)　　問題Ⅰ　1) a　2) a　3) a　4) a　5) b
問題Ⅱ　1) エネルギー　2) イメージ　3) ユーモア　4) オーケストラ　5) レクリエーション

第7週 2日目 漢語 加／過／価
かんご

加減（かげん）
加減する　焼き加減

相手が子どもだったので、力を加減してゲームをした。
I went easy on the child while playing a game.
因对方是个小孩子，所以在比赛时我控制了力量。

加速（かそく）
加速する　急加速

車のアクセルを踏んで加速する。
The car accelerates when the accelerator is pressed.
踩油门加速。

参加（さんか）
参加する　参加者

パーティーに参加して、新しい友だちを作ろう。
Let's join the party and meet new friends.
去参加聚会，交新朋友吧。

増加（ぞうか）
増加する　3割の増加

東京の人口はどんどん増加している。
The population of Tokyo has been increasing rapidly.
东京的人口在一直不断地增加。

追加（ついか）
追加する　追加点

さっきコーヒーを3つ注文したんだけど、あと2つ追加したいんですが。
I just ordered three coffees, and I want to order two more.
刚才我点了三杯咖啡，现在我想再要两杯可以吗？

過去（かこ）
過去を振り返る　過去10年間

過去を振り返らないで、前だけ見て生きていこう。
Do not look back on the past, but only look forward as you live.
不要回头，只向前看，积极地生活。

過失（かしつ）
過失がある　過失を認める

事故が起こった車を製造した会社は、会社に過失はなかったと主張している。
The manufacturer of the car which had an accident is claiming that there was no fault of the company.
生产发生事故的汽车公司说他们没有过错。

過程（かてい）
成長する過程　過程と結果

この映画は貧しい子どもが世界的スターに成長する過程を描いている。
This movie shows how a child from a poor family grew up to be a worldwide star.
这部电影描述的是贫穷的孩子成长为世界明星的过程。

超過（ちょうか）
超過する　超過勤務

予算は5万円だったのに、2万円も超過している。
This price is over the budget of 50,000 yen by 20,000 yen.
预算是5万日元，但已超过了2万日元。

通過（つうか）
トンネルを通過する　通過駅

バスがトンネルを通過して海が見えてきた。
The bus passed through the tunnel, and the ocean came into view.
巴士穿过隧道就看到了大海。

価格(かかく)
価格が上がる　低価格　(→低〜 p.265)

円高になってガソリンの価格が下がった。
The appreciation of the yen lowered the prices of gasoline.
随着日元的升值，汽油的价格下降了。

価値(かち)
価値がある　価値観　(→〜観 p.268)

この本は寝る時間を減らしてでも読む価値がある。
This book is worth reading even if you have to cut your sleeping time.
这本书即使牺牲睡觉时间，也值得一读。

高価(こうか)
高価なプレゼント　高価な商品

婚約者から高価な指輪をもらって妹は喜んでいた。
My younger sister was happy about the expensive ring from her fiancé.
妹妹收到未婚夫送的昂贵戒指高兴极了。

評価(ひょうか)
評価する　評価額

子どものときのピアノの先生が彼の才能を高く評価していた。
His piano teacher when he was a child appreciated his talent.
小时候教他钢琴的老师对他的才能给予了很高的评价。

物価(ぶっか)
物価が高い　物価が上がる

この国は物価が高くて、生活するのが大変だ。
Prices are so high that it is tough to live in this country.
这个国家物价很高，在这里生活很困难。

確認テスト

第7週2日目　漢語　加／過／価

月　日　／10

【問題Ⅰ】　正しいものに○をつけなさい。

1) このレストランは { a.加減　b.過去　c.評価 } に何度か来たことがあるが、とてもおしゃれな雰囲気に変わっていて驚いた。
2) この映画は高い料金を払ってでも見る { a.超過　b.加速　c.価値 } がある。
3) { a.加速　b.増加　c.追加 } して前の車を追い越した。
4) 教師は子どもたちが失敗しながら成長していく { a.過程　b.高価　c.参加 } を見守るべきだ。
5) { a.過失　b.評価　c.物価 } が安い国を旅行したい。

【問題Ⅱ】　（　）に入る適当な言葉を □ から選びなさい。同じ言葉は一度しか使えません。

| 高価 | 参加 | 追加 | 通過 | 評価 |

1) 国際交流の活動に（　　　　　）して、いろいろな文化があることを知った。
2) 急行電車はこの駅には止まらないで、（　　　　　）していく。
3) 彼女が描いた絵は高く（　　　　　）されて、海外でも売られた。
4) すみません。ビールをあと2本（　　　　　）してください。
5) （　　　　　）な服にはダイヤモンドが似合う。

（p.227・確認テストの解答）　問題Ⅰ　1) c　2) b　3) b　4) a　5) a
問題Ⅱ　1) 応援　2) 意識　3) 意志　4) 得意　5) 応用

第7週 3日目 漢語 解/確/活
かんご

解決 かいけつ
解決する　解決策
かいけつ　かいけつさく

環境問題はなかなか解決しない。
かんきょうもんだい　かいけつ
It is very difficult to solve environmental problems.
环境问题不容易解决。

解散 かいさん
解散する　現地解散
かいさん　げんちかいさん

ビートルズが解散したのはもう40年ぐらい前です。
かいさん
It has already been about 40 years since the Beatles broke up.
披头士乐队大概是在40年前解散的。

解釈 かいしゃく
詩を解釈する　いいほうに解釈する
し　かいしゃく　かいしゃく

雨で試合が中止になったが、体を休めるチャンスだといいほうに解釈しよう。
しあい　ちゅうし　からだ　やす　かいしゃく
The game was canceled due to rain, but I regard this positively as a good chance to rest my body.
因雨而中止了比赛很遗憾，但我们把它解释为这是可以得到休息的好机会吧。

見解 けんかい
個人的な見解　見解を言う
こじんてき　けんかい　けんかい

これは会社が決めたことではなく、私の個人的な見解です。
かいしゃ　き　わたし　こじんてき　けんかい
This is not something the company decided, but my personal opinion.
这不是公司的决定，而是我个人的看法。

誤解 ごかい
誤解する　誤解を招く
ごかい　ごかい　まね

山本先生はもっとこわい人だと私は誤解していた。
やまもとせんせい　ひと　わたし　ごかい
I misunderstood Prof. Yamamoto to be a scarier person than he really is.
我误以为山本老师是更加可怕的人。

232

確実（かくじつ）　確実な情報（かくじつじょうほう）　確実に（かくじつに）

地震（じしん）のときはラジオなどで確実（かくじつ）な情報（じょうほう）を得（え）たい。
I want to get accurate information from a radio or something like that when an earthquake occurs.
地震时，想通过收音机等获得正确的信息。

確認（かくにん）　確認する（かくにんする）　予約確認（よやくかくにん）

道路（どうろ）を渡（わた）るときは安全（あんぜん）を確認（かくにん）してから渡（わた）りましょう。
Before crossing a road, make sure it is safe.
过马路时，先确认安全后再过吧。

確率（かくりつ）　確率が高い（かくりつがたかい）　確率は90%だ（かくりつは90%だ）

飛行機（ひこうき）より車（くるま）のほうが事故（じこ）に遭（あ）う確率（かくりつ）が高（たか）い。
The chances of car accidents are higher than those of airplanes.
比起乘飞机，坐汽车遇到事故的概率更高。

正確（せいかく）　正確な時間（せいかくなじかん）　正確に書く（せいかくにかく）

事実（じじつ）を正確（せいかく）に書（か）いてください。
You should write the truth of what happened accurately.
请将事实清楚地写出来。

的確／適確（てきかく）　的確／適確な判断（てきかく／てきかくなはんだん）　的確／適確に伝える（てきかく／てきかくにつたえる）

野口（のぐち）さんは的確（てきかく）な判断（はんだん）ができる人（ひと）なので、みんなから信頼（しんらい）されている。
Mr. Noguchi is trusted by everyone because he is able to make correct decisions.
因为野口是能做出正确判断的人，所以得到大家的信任。

活気（かっき）　活気がある　活気にあふれる

この会社は社員が楽しそうに仕事をしていて活気がある。
This company is bustling with employees enjoying their work.
这个公司，员工们看起来工作很愉快，很有活力。

活字（かつじ）　活字で印刷する　活字体

今はパソコンを使えば誰でも活字で印刷ができる。
Anyone can print out documents by using a PC.
现在如果使用电脑，谁都可以用活字印刷。

活動（かつどう）　活動する　火山の活動

この日本語教室ではボランティアの人たちが活動している。
Volunteers work for this Japanese language class.
志愿者们活跃在这个日语教室里。

活躍（かつやく）　活躍する　活躍の場

あの野球選手はオリンピックでもとても活躍した。
The baseball player did very well in the Olympics.
那个棒球选手即使在奥运会上也很活跃。

活用（かつよう）　活用する　知識の活用

時間があるときにインターネットを活用してスペイン語を勉強している。
I learn Spanish using the Internet when I have some spare time.
有时间的时候利用因特网学习西班牙语。

確認テスト

第7週3日目　漢語　解／確／活

月　日　／10

【問題Ⅰ】　正しいものに○をつけなさい。

1) 私がちゃんと返事をしなかったので { a. 適確　b. 活気　c. 誤解 } を招いてしまった。
2) { a. 確率　b. 解釈　c. 正確 } な答えを書かなければ点数はもらえません。
3) 上司から { a. 的確　b. 活躍　c. 解決 } なアドバイスをもらった。
4) 趣味でやっていたバンドは就職したときに { a. 解決　b. 解散　c. 誤解 } した。
5) 銀行にいくら貯金されているか通帳を見て { a. 確認　b. 見解　c. 活字 } した。

【問題Ⅱ】　( ) に入る適当な言葉を □ から選びなさい。
同じ言葉は一度しか使えません。

| 解決 | 解釈 | 確実 | 活気 | 活躍 |

1) この店の店員は元気がない。もっと (　　　) が欲しい。
2) 彼女は海外の大学に合格したらしい。(　　　) に夢に近づいている。
3) 私はこの英語の文章の意味を間違って (　　　) していた。
4) 話し合いをしなければこの問題は (　　　) しませんよ。
5) 彼は歌手はやめたが、今は作曲家として (　　　) している。

(p.231・確認テストの解答)　問題Ⅰ 1) b　2) c　3) a　4) a　5) c
問題Ⅱ 1) 参加　2) 通過　3) 評価　4) 追加　5) 高価

第7週 4日目　漢語　間/感/観
かんご

間隔（かんかく）
間隔をあける　5分間隔（かんかく）

間隔（かんかく）をあけないで椅子（いす）を並（なら）べた。
The chairs were lined up without a space between them.
把椅子不留间隔地摆好了。

間接（かんせつ）
間接に（かんせつ）　間接的（かんせつてき）

この話は間接（かんせつ）に聞いたのですが、吉田（よしだ）さんは結婚（けっこん）するそうです。
I heard secondhand that Ms. Yoshida is getting married.
我听别人说，吉田好像要结婚了。

瞬間（しゅんかん）
地震が起きた瞬間（じしん　お　しゅんかん）　瞬間の出来事（しゅんかん　できごと）

地震が起きた瞬間（じしん　お　しゅんかん）、20年前の大地震（おおじしん）を思（おも）い出した。
I remembered the huge earthquake 20 years ago the moment I felt the recent earthquake.
发生地震的瞬间，我想起了20年前的大地震。

隙間（すきま）
カーテンの隙間（すきま）　狭い隙間（せま　すきま）

カーテンの隙間（すきま）から月（つき）の光（ひかり）が部屋（へや）に差（さ）し込（こ）んでいる。
The moonlight shines through the gap of the curtains into the room.
月光从窗帘的缝隙里射入房间。

民間（みんかん）
民間の人（みんかん　ひと）　民間企業（みんかんきぎょう）

国王（こくおう）と結婚（けっこん）した女性（じょせい）は民間（みんかん）の人だった。
The woman who got married to the king was a commoner.
与国王结婚的女性是普通百姓。

感覚 （かんかく）

手の感覚（かんかく）　芸術的感覚（げいじゅつてきかんかく）

寒(さむ)くて寒(さむ)くて手の感覚(かんかく)がなくなってしまった。
It was so cold that I couldn't feel my hands any more.
手冻得失去了知觉。

感謝 （かんしゃ）

感謝する（かんしゃ）　感謝の気持ち（かんしゃ　きも）

みんなが応援(おうえん)してくれたことに感謝(かんしゃ)しています。
I appreciate that people supported me.
非常感谢大家对我的支持。

感情 （かんじょう）

感情を出す（かんじょう　だ）　感情が豊かな人（かんじょう　ゆた　ひと）

高橋(たかはし)さんはあまり感情(かんじょう)を出(だ)さない人(ひと)なので、何(なに)を考(かんが)えているのか分(わ)かりにくい。
Mr. Takahashi does not express his emotions very much, so it is difficult to tell what he is thinking.
高桥很少将感情外露，所以不知道他在想什么。

感想 （かんそう）

本の感想（ほん　かんそう）　感想を述べる（かんそう　の）

佐藤(さとう)さんはこの映画(えいが)を見(み)て胸(むね)が熱(あつ)くなったと感想(かんそう)を述(の)べた。
Ms. Sato said that the movie gave her a lump in her throat.
佐藤说了看这部电影时深受感动的感想。

感動 （かんどう）

感動する（かんどう）　感動的（かんどうてき）

映画(えいが)の最後(さいご)の場面(ばめん)は感動的(かんどうてき)なシーンだった。
The last scene of the movie was emotional.
电影最后的场面很令人感动。

237

観客 (かんきゃく)

コンサートの観客(かんきゃく)　観客席(かんきゃくせき)

アイドル歌手(かしゅ)のコンサートの観客(かんきゃく)は若(わか)い人ばかりだった。
Most of the audience at the idol singer's concert was young.
偶像歌手的演唱会的观众都是年轻人。

観光 (かんこう)

観光(かんこう)する　観光客(かんこうきゃく)

東京(とうきょう)を一日で観光(かんこう)するのは無理(むり)だろう。
It would be impossible to do a one-day tour of all of Tokyo.
只用一天时间游览东京是不可能的吧。

観察 (かんさつ)

観察(かんさつ)する　観察力(かんさつりょく)

子どものころ、星(ほし)を観察(かんさつ)するのが好きで、父に望遠鏡(ぼうえんきょう)を買ってもらった。
I loved observing the stars when I was a child, so my father bought me a telescope.
小时候，很喜欢观察星星，所以让爸爸给我买了望远镜。

観測 (かんそく)

観測(かんそく)する　専門家(せんもんか)の観測(かんそく)

今朝(けさ)、東京(とうきょう)では15センチの積雪(せきせつ)を観測(かんそく)した。
Fifteen centimeters of snow were recorded in Tokyo this morning.
今天早上东京观测到了15公分的积雪。

観念 (かんねん)

観念(かんねん)する　時間の観念(かんねん)

彼(かれ)は遅刻(ちこく)が多い。時間の観念(かんねん)がないのだろうか。
He is often late. I wonder if he has no sense of time.
他多次迟到，是没有时间观念吧。

確認テスト

第7週4日目　漢語　間／感／観

月　日　／10

【問題Ⅰ】　正しいものに○をつけなさい。

1) 彼がけがをしても一生懸命練習していたのを知っているので、優勝が決まったときは心から { a.感動　b.瞬間　c.観測 } した。
2) 有名な滝の前で大勢の { a.観客　b.観光客　c.民間 } が写真を撮っている。
3) この料理は味があまりないというのが正直な { a.感動　b.感想　c.感謝 } です。
4) ドアの { a.隙間　b.間隔　c.感覚 } から社長室をのぞいた。
5) 岡田さんは { a.民間　b.観念　c.感情 } が豊かで、とても素晴らしい詩を書く。

【問題Ⅱ】　（　）に入る適当な言葉を□から選びなさい。
　　　　　同じ言葉は一度しか使えません。

| 感覚 | 間隔 | 観察 | 観念 | 瞬間 |

1) このビルと隣のビルの（　　　　　）は1メートルしかない。
2) 犯人は日本中を逃げていたが、（　　　　　）して自分から交番に行ったらしい。
3) 毎年春になると花が咲く様子を（　　　　　）して絵を描いています。
4) 猫は抱かれた（　　　　　）におとなしくなった。
5) 母のファッション（　　　　　）は古いので、服を選ぶときはいつも姉に聞く。

(p.235・確認テストの解答)　問題Ⅰ　1) c　2) c　3) a　4) b　5) a
問題Ⅱ　1) 活気　2) 確実　3) 解釈　4) 解決　5) 活躍

第7週 5日目 漢語　期／気／記
かんご

延期（えんき）
延期する　延期になる

雨が降って、試合は延期になった。
It rained, so the game was postponed.
因为下雨，比赛延期了。

予期（よき）
予期する　予期に反する

いつ地震が起きるか誰も予期することはできない。
Nobody can predict when the next earthquake will occur.
谁也不能预期什么时候发生地震。

期間（きかん）
長い期間　期間を延長する

長い期間、日本語を使っていなかったので忘れてしまった。
I forgot Japanese because I did not speak it for a long time.
我很长时间没用日语了，所以都忘了。

期限（きげん）
期限が切れる　提出期限

この映画の券はもう期限が切れているよ。
This movie ticket has expired.
这张电影票已经过期了。

期待（きたい）
期待する　期待に応える

あのスケート選手は国民の期待に応えて、オリンピックで金メダルを取った。
The skater won the gold medal, living up to public expectation.
那个滑冰选手不负人民的期望，在奥运会上获得了金牌。

換気(かんき)　換気する　換気がいい

窓を開けて部屋を換気しよう。
I am going to open the windows to air out the room.
把窗户打开换气吧。

景気(けいき)　景気がいい　不景気 (→不〜 p.265)

この会社はとても景気がよくて、社員も増えた。
This company is doing well, and the number of employees has increased.
这个公司很景气，员工也增加了。

人気(にんき)　人気がある　人気者(もの) (→〜者(もの) p.268)

村上春樹の小説は日本でも海外でも人気がある。
The novels of Haruki Murakami enjoy both domestic and international popularity.
村上春树的小说无论是日本还是国外都很受欢迎。

気候(きこう)　暖かい気候　気候の変化

暖かくて外を歩くのが楽しい気候になってきました。
The weather is getting warm, which is good for walking outside.
渐渐暖和起来，是在外散步的宜人气候。

気圧(きあつ)　気圧が上がる　気圧が低い

飛行機に乗ると気圧が下がって耳が痛くなる。
My ears hurt on airplanes because the air pressure decreases.
坐飞机时因气压下降而使耳朵疼痛。

暗記（あんき）　暗記する　暗記力（あんきりょく）

明日発表するスピーチの内容を暗記しなければならない。
I have to memorize what I will say in tomorrow's speech.
我得背明天的致词内容。

伝記（でんき）　エジソンの伝記（でんき）　伝記小説（でんきしょうせつ）

小さいころエジソンの伝記を読んで発明家になりたいと思った。
When I was little, I wanted to be an inventor after reading the biography of Edison.
我小时候看了爱迪生传记后，曾想当发明家。

記憶（きおく）　記憶している（きおく）　記憶がある（きおく）

以前このレストランに来た記憶がある。
I remember that I have been to this restaurant before.
我记得以前来过这家餐厅。

記号（きごう）　記号を書く（きごう）　地図上の記号（ちずじょうのきごう）

正しい答えの記号を解答用紙に書きなさい。
Write down the symbol of the right answer on your answer sheet.
请将正确答案的号码写在答卷上。

記事（きじ）　記事になる（きじ）　新聞記事（しんぶんきじ）

私の高校が全国サッカー大会に出場したことが記事になった。
There was an article about my high school going to the national soccer tournament.
刊登了我们高中参加全国足球大会的事情。

第7週5日目　漢語　期／気／記

確認テスト

月　日　／10

【問題Ⅰ】　正しいものに○をつけなさい。

1) 彼が来てくれるなんて { a. 人気　b. 伝記　c. 予期 } していなかったからすごく嬉しい。

2) 私の生まれたところは { a. 気候　b. 換気　c. 気圧 } がよくて、とても住みやすいところですよ。

3) 彼はコーランを全部 { a. 景気　b. 延期　c. 暗記 } してしまった。

4) 電車の定期券の { a. 予期　b. 期待　c. 期限 } が今日なので、新しいのを買いに行く。

5) 今日の英語のテストは { a. 記事　b. 記号　c. 暗記 } を選ぶ問題が少なくて、自分で文章を書く問題が多かった。

【問題Ⅱ】　（　）に入る適当な言葉を □ から選びなさい。同じ言葉は一度しか使えません。

気圧	記憶	期間	期待	景気

1) （　　　　　）がよくなったので、車や住宅もよく売れている。

2) この歌がヒットしたのは、私が大学生のときだったと（　　　　　）している。

3) 大好きな歌手のコンサートが行われるのを（　　　　　）して待っている。

4) 仕事が休みの（　　　　　）にはいつも田舎へ帰って家族に会う。

5) （　　　　　）が急に変わると人間の体に悪い影響がある。

(p.239・確認テストの解答)　問題Ⅰ 1) a 2) b 3) b 4) a 5) c
問題Ⅱ 1) 間隔　2) 観念　3) 観察　4) 瞬間　5) 感覚

第8週 1日目　漢語　実／重／成

現実（げんじつ）
現実は〜　現実になる

休みの日は家でゆっくりしたいと思うが、現実は掃除や買い物に追われて忙しい。
I would like to relax at home on my day off, but I am actually always busy doing cleaning and shopping.
休息日想在家里轻松度过，但实际上被打扫卫生、买东西这些事弄得非常忙碌。

口実（こうじつ）
口実に（する）　口実を探す

彼女は病気を口実に（して）仕事を休んだ。
She was off from work with the excuse of being sick.
她以生病为借口，请假没来工作。

実験（じっけん）
実験する　化学の実験

新しい薬ができたら最初に動物で実験して安全かどうか確かめる。
When a new drug has been developed, its safety is verified first in animal testing.
新药开发后，先用动物做实验确认是否安全。

実現（じつげん）
実現する　実現は難しい

夢が実現して、私はファッションデザイナーになることができた。
My dream has come true, and I am a fashion designer now.
我实现了梦想，当上了时装设计师。

実施（じっし）
実施する　実施場所

試合は雨や雪が降っても予定通り実施します。
The game will be held according to schedule even if it snows or rains.
即使下雨或下雪比赛也将按计划举行。

厳重（げんじゅう）
厳重にする　厳重に注意する

空港のボディチェックを厳重にする。
Airport security is strict.
严格进行机场内的安全检查。

慎重（しんちょう）
慎重な人　慎重に検討する

慎重に検討して、今年は試合には出ないことにした。
After careful consideration, I decided not to join any tournament this year.
经过慎重研讨，决定不参加今年的比赛。

重視（じゅうし）
重視する　歩きやすさ重視

値段よりデザインを重視してどれを買うか決める。
I choose what to buy with more of a focus on design than price.
我在决定买哪一个时，价格与设计比，更重视设计。

重体（じゅうたい）
重体になる　重体の患者

飛行機事故で100人が死亡、5人が重体になった。
The airplane accident resulted in 100 deaths and five people in serious condition.
飞机事故造成了100人死亡，5人重伤。

重要（じゅうよう）
重要な資料　重要問題

これは今後の営業方法を考えるときの重要な資料になる。
This can be used as important material when thinking about the method of doing business in the future.
在考虑今后的销售方法时，这将成为重要的资料。

245

完成（かんせい）　完成する　完成品（かんせいひん）

世界（せかい）で一番（いちばん）高いビルがドバイに完成（かんせい）した。
The tallest building in the world has been completed in Dubai.
世界最高的大楼在杜拜落成了。

構成（こうせい）　構成する（こうせい）　文章（ぶんしょう）の構成（こうせい）

この研究会（けんきゅうかい）は大学の先生３人と１０人の学生で構成されている。
This research group consists of three university teachers and 10 students.
这个研究会由 3 名大学老师和 10 名学生组成。

賛成（さんせい）　賛成する　賛成４６人

母は私（わたし）が海外留学（かいがいりゅうがく）したいと話したとき、すぐに賛成（さんせい）してくれた。
My mother immediately agreed with me when I told her that I wanted to study abroad.
我对妈妈说了想去国外留学，她马上就同意了。

成功（せいこう）　成功する（せいこう）　ビジネスの成功（せいこう）

我（わ）が国はロケットの打（う）ち上げに成功（せいこう）した。
Our nation successfully launched a rocket.
我国的火箭发射成功了。

成長（せいちょう）／生長（せいちょう）　子どもが成長する（せいちょう）　植物（しょくぶつ）が生長する

子どもが成長（せいちょう）するのは早い。
Children grow up so fast.
孩子成长得很快。

確認テスト

第8週1日目　漢語　実／重／成

月　日　／10

【問題Ⅰ】　正しいものに○をつけなさい。

1) 夢が { a. 成功　b. 現実　c. 成長 } になって、本当に幸せだ。
2) スピーチ大会は来週の木曜日に { a. 賛成　b. 実施　c. 重視 } される。
3) 彼女は女性で初めてチョモランマの頂上まで登ることに
　 { a. 重要　b. 実験　c. 成功 } した人だ。
4) 彼は下手な { a. 口実　b. 慎重　c. 構成 } を言って、仕事をしようとしない。
5) 会社が { a. 重体　b. 成長　c. 実施 } するためには新しい仕事にチャレンジすることだ。

【問題Ⅱ】　(　)に入る適当な言葉を □ から選びなさい。
　　　　　同じ言葉は一度しか使えません。

|構成|賛成|実現|重視|慎重|
|こうせい|さんせい|じつげん|じゅうし|しんちょう|

1) 友だちに分からないように (　　　　) にサプライズパーティーの準備をした。
2) この最新の携帯電話はついに重さ50グラムを (　　　　) しました。
3) この計画に (　　　　) の人は手を上げてください。
4) このレポートは文章の (　　　　) が変だったので書き直した。
5) 結婚相手は外見よりも性格を (　　　　) したほうがいい。

(p.243・確認テストの解答)　問題Ⅰ　1) c　2) a　3) c　4) c　5) b
問題Ⅱ　1) 景気　2) 記憶　3) 期待　4) 期間　5) 気圧

第8週 2日目 漢語 想/続/達
かんご

空想（くうそう）
空想する　空想の世界

宝くじが1億円あたったらどうするかあれこれ空想してみる。
I imagine a lot of things what I would do if I won 100 million yen in a lottery.
如果中了1亿日元彩票的话做什么呢，我满脑子胡思乱想。

思想（しそう）
思想の自由　仏教の思想

この国では思想の自由が守られている。
Freedom of thought is guaranteed in this country.
这个国家能保护思想的自由。

理想（りそう）
理想を持つ　理想のタイプ

理想を高く持って、全力で仕事をしよう。
Let's put our best efforts into our work, with high ideals.
抱着崇高的理想，全力以赴地工作吧。

連想（れんそう）
連想する　連想される言葉

春と言われて桜を連想した。
I associated the word "spring" with cherry blossoms.
一说到春天，就联想到了樱花。

想像（そうぞう）
想像する　想像がつく

高橋さんがタキシードを着ている姿を想像すると笑ってしまう。
Imagining Mr. Takahashi in a tuxedo makes me laugh.
一想象高桥穿无尾礼服的样子，就不由得笑了起来。

継続 (けいぞく)

継続する　ご継続の方 (けいぞく)(けいぞく かた)

ストレッチを毎日継続して行うことで、温かくて健康な体になります。
(けいぞく)(あたた)(けんこう からだ)
Stretching every day will give you a warm, healthy body.
每天持续做伸展运动，就会令身体血流顺畅，健康起来。

接続 (せつぞく)

接続する　文と文の接続 (せつぞく)(ぶん ぶん せつぞく)

新しいパソコンをインターネットに接続して、メールが使えるようになった。
(せつぞく)(つか)
I can use e-mail now after the new PC was hooked up to the Internet.
将新电脑接上因特网，就可以接发电子邮件了。

相続 (そうぞく)

相続する　相続の手続き (そうぞく)(そうぞく てつづ)

岡田さんは祖父の財産を相続して大金持ちになった。
(おかだ)(そふ)(ざいさん)(そうぞく)(おおがねも)
Mr. Okada inherited property from his grandfather and became extremely wealthy.
冈田继承了祖父的财产，成了大富翁。

連続 (れんぞく)

連続して起こる　5日連続 (れんぞく お)(いつかれんぞく)

嬉しいことが連続して起こった。
(うれ)(れんぞく お)
Happy events happened in succession.
喜事一个接一个地来了。

上達 (じょうたつ)　上達する　語学の上達

橋本さんはゴルフが少しずつ上達している。
Ms. Hashimoto's golf skill is slowly improving.
桥本的高尔夫渐渐地提高了。

速達 (そくたつ)　速達で送る　速達の手紙

この書類を速達で送ってください。
Please send this document by express mail.
请用快递寄这份资料。

配達 (はいたつ)　配達する　新聞配達

今は食品やレンタルDVDまで配達してくれるので便利だ。
There are delivery services for a variety of items now, from food to rental DVDs, so it is very convenient.
如今连食品、租赁DVD也可发送，真是方便极了。

発達 (はったつ)　発達する　発達がはやい

大昔、大きな川のそばで文明が発達した。
Civilization developed near large rivers a long time ago.
在古代，大河边的文明很发达。

達成 (たっせい)　達成する　達成感　(→～感 p.268)

まだ20日だが、今月の営業目標が達成できた。
I have already achieved the sales target of this month, and today is only the 20th.
才20号，这个月的销售目标就已经达成了。

確認テスト

月　日　／10

【問題Ⅰ】　正しいものに○をつけなさい。

1) 家を探しているんですが、会社まで20分以内に行ける場所が
   { a. 相続　b. 理想　c. 上達 } ですね。

2) このレポートは誰が書いたものか字を見れば { a. 空想　b. 連想　c. 想像 }
   がつく。

3) サッカーの試合で彼は3回 { a. 思想　b. 連続　c. 達成 } でゴールを決めた。

4) 都市の交通が { a. 上達　b. 発達　c. 速達 } して、ますます人がたくさん
   集まるようになった。

5) この電車は次の駅で急行に { a. 接続　b. 継続　c. 連続 } する。

【問題Ⅱ】　（　）に入る適当な言葉を▭から選びなさい。
　　　　　同じ言葉は一度しか使えません。

| 継続 | 思想 | 上達 | 相続 | 配達 |

1) 毎日ギターを弾いていたので自然に（　　　　　）した。
2) 市民は（　　　　　）の自由を主張して戦った。
3) 来年も（　　　　　）してこのコースで勉強する方はここに名前を書いて
   ください。
4) 商品は10キロ以内なら無料で（　　　　　）いたします。
5) 土地の（　　　　　）の手続きが面倒で、弁護士に頼んだ。

（p.247・確認テストの解答）　問題Ⅰ　1) b　2) b　3) c　4) a　5) b
問題Ⅱ　1) 慎重　2) 実現　3) 賛成　4) 構成　5) 重視

第8週 3日目 漢語 適／配／発

快適（かいてき）
快適なソファ　快適に暮らす

これは大きくてやわらかくて快適なソファですね。
This large soft sofa is comfortable.
这是个又大又软，很舒服沙发啊。

適切（てきせつ）
適切な例　適切に使う

税金は国民のために適切に使われなければならない。
Tax must be appropriately used for the people.
税金应该为了人民适当地使用。

適度（てきど）
適度な量　適度に運動する

ワインは適度な量を飲むなら体にいいらしいよ。
I heard that a moderate amount of wine is good for your health.
好像适量地喝点儿葡萄酒对身体很好。

適当（てきとう）
適当な返事をする　この仕事に適当な人

将来について親に聞かれたとき、適当な返事をして叱られた。
My parents scolded me because I gave an irresponsible answer when they asked me about my future.
父母问我将来的打算时，我随便敷衍了一下，被骂了一顿。

適用（てきよう）
適用する　適用範囲

旅行中に何か壊した場合、この保険が適用されます。
If you break something during your trip, it will be covered by this insurance.
这个保险适用于旅游期间什么物品遭到损坏时使用。

気配(けはい)
気配がする　気配を感じる

後ろに人がいる気配を感じて振り向いた。
I turned around because I felt someone's presence behind me.
我感到后面好像有人，就回了头。

支配(しはい)
王が支配する　ある考えに支配される

10年前までこの国は王が支配していた。
The king ruled this country until 10 years ago.
直到10年前，这个国家是由国王统治的。

心配(しんぱい)
心配する　心配事

家族と連絡が取れなかったので心配したが、もう大丈夫だ。
I was worried about my family when I could not reach them, but I am okay now.
因与家人联系不上而感到担心，不过现在没问题了。

配布(はいふ)
配布する　配布物

テストを配布するので、本や辞書はかばんにしまってください。
I am going to distribute the tests now, so please put away your dictionaries and notebooks in your bags.
现在分发试卷，请把书和词典放在书包里。

発揮 はっき　発揮する　実力発揮

彼女は40歳を過ぎてから歌の才能を発揮し始めた。
She started to demonstrate her singing talent after the age of 40.
她40岁以后才开始发挥唱歌的才能。

発見 はっけん　発見する　発見が遅れる

なくしたと思っていた指輪を本棚の後ろで発見した。
I found the ring I thought I had lost behind the bookshelf.
以为已经丢了的戒指在书架的后面发现了。

発展 はってん　発展する　発展途上国

この国は経済が発展してGDPも増えた。
The economy of this country has developed, resulting in an increase in the GDP.
这个国家随着经济的发展GDP也增加了。

発売 はつばい　発売する　本日発売

我が社は世界で最初にコピー機を発売した。
My company launched the first photocopier in the world.
我公司是世界上第一个出售复印机的公司。

発表 はっぴょう　発表する　発表会

授業では自分の意見をどんどん発表しましょう。
Do not hesitate to express your opinion in the class.
在课堂上，大家踊跃发表自己的意见吧。

確認テスト

第8週3日目　漢語　適／配／発

月　日　／10

【問題Ⅰ】　正しいものに○をつけなさい。

1) この休暇の制度は正社員だけに　{ a. 適用　b. 気配　c. 支配 }　される。
2) 科学技術が　{ a. 発見　b. 発展　c. 発売 }　して、便利な生活が送れるようになった。
3) 会議の前に資料が　{ a. 適切　b. 発展　c. 配布 }　された。
4) 専門用語を　{ a. 快適　b. 適切　c. 適用 }　に説明するのは難しい。
5) 2000年前、広い範囲がローマ帝国に　{ a. 適度　b. 支配　c. 発揮 }　されていた。

【問題Ⅱ】　（　　）に入る適当な言葉を　☐　から選びなさい。
同じ言葉は一度しか使えません。

気配	快適	適当	発揮	発売

1) 来週、新商品が（　　　　　）される予定なので、その準備で今とても忙しい。
2) 部長は仕事が終わる（　　　　　）が全然ないので、私は先に帰りました。
3) このホテルはサービスもいいし部屋も（　　　　　）だし、また来たいと思った。
4) 20人で会議をするのに（　　　　　）な場所がない。
5) 私の友人は絵の才能を（　　　　　）して世界的に有名な画家になった。

(p.251・確認テストの解答)　問題Ⅰ　1) b　2) c　3) b　4) b　5) a
問題Ⅱ　1) 上達　2) 思想　3) 継続　4) 配達　5) 相続

第8週 4日目 　漢語　明／面／目

証明（しょうめい）
証明する　証明書（しょうめい／しょうめいしょ）

裁判で彼は無実だと証明された。
He was found innocent in a trial.
在裁判中，他被证明是冤枉的。

透明（とうめい）
透明な水　透明人間（とうめい／とうめいにんげん）

この川の水は5年前まで透明だったが、工場ができて汚れてしまった。
The water in this river was clear until five years ago, but became dirty after the factory was built.
这条河在5年前还透明清澈，但自从建了工厂后就被污染了。

発明（はつめい）
発明する　電気の発明（はつめい／はつめい）

エジソンはいろいろなものを発明した。
Edison invented various things.
爱迪生发明了各种各样的东西。

文明（ぶんめい）
文明が発達する　文明社会（ぶんめい／はったつ／ぶんめい）

文明社会で育った私は電気や水道のない生活はできない。
Having grown up in a civilized society, I cannot live without electricity and water.
生长在文明社会里的我，没有电和自来水的话不能生活。

明確（めいかく）
明確な理由　明確にする（めいかく／りゆう／めいかく）

仕事とプライベートの区別を明確にしましょう。
Let's draw a clear line between work and private life.
请公私分明。

表面 (ひょうめん)

湖の表面　表面は親切だ

あの人は表面は親切だけど、心の中では何を考えているか分からない。
That person is kind on the surface, but I cannot tell what is in his mind.
那个人表面上看起来很热情，但不知道心里想什么。

方面 (ほうめん)

大阪方面　いろいろな方面から検討する

この問題はいろいろな方面から検討しなければならない。
This issue should be examined from various aspects.
这个问题要从各种角度进行探讨。

面積 (めんせき)

国土の面積　面積が大きい

日本の国土の面積はドイツと同じくらいですか。
Is the area of Japan about the same as that of Germany?
日本的国土面积和德国的差不多一样吗？

面接 (めんせつ)

面接する　面接試験

佐藤さんは社長と面接して課長になることが決定した。
Ms. Sato had an interview with the president, and her position of section manager was decided.
总经理和佐藤面谈后，决定让他当科长了。

面倒 (めんどう)

面倒な手続き　面倒を見る

この書類を全部書いて出さなければならないなんて、面倒な手続きだ。
It is a cumbersome process which requires all these documents to be filled in and submitted.
这个文件要全部写好后提出，真是麻烦的手续。

257

項目 こうもく
質問の項目　項目別
しつもん こうもく　こうもくべつ

インタビューを受ける前に質問の項目を教えてもらって、答える内容を考えておいた。
I was told the question items before the interview, and prepared the answers.
采访前告诉了我提问的项目，我已考虑好了要回答的内容。

注目 ちゅうもく
注目する　注目を集める
ちゅうもく　ちゅうもく あつ

最近、農薬を使わない野菜が注目を集めている。
Recently, organic vegetables are becoming popular.
最近，无农药蔬菜很受关注。

役目 やくめ
大切な役目をする　役目が終わる
たいせつ やくめ　やくめ お

まつげは目を守る大切な役目をしている。
Eyelashes have an important role in protecting the eyes.
睫毛有保护眼睛的重要功能。

目印 めじるし
目印にする　目印をつける
めじるし　めじるし

私の家は郵便局の隣なので、それを目印にして来てください。
You can get to my house by using the post office next door as a landmark.
我家就在邮局的旁边，请来时以此为标志吧。

目安 めやす
目安にする　目安を立てる

去年の売り上げを目安にして、今年の目標を考えた。
きょねん う めやす　こんねん もくひょう かんが
I set up a sales goal for this year based on last year's sales.
参考去年的销售额，制定了今年的目标。

確認テスト

月　日　／10

【問題Ⅰ】　正しいものに○をつけなさい。

1) ごみは { a. 明確　b. 透明　c. 文明 } なビニール袋に入れて捨ててください。
2) この車は東京 { a. 面積　b. 表面　c. 方面 } に向かって走っている。
3) 父が妹の結婚に賛成しないのには { a. 表面　b. 目印　c. 明確 } な理由がある。
4) 全員に電話をかけるのは { a. 証明　b. 役目　c. 面倒 } なので、メールを送った。
5) 最近、日本では韓国の歌手が { a. 注目　b. 目印　c. 役目 } を集めている。

【問題Ⅱ】　(　　)に入る適当な言葉を □ から選びなさい。
同じ言葉は一度しか使えません。

項目　発明　文明　目安　面接

1) 書類を(　　　　)で分けてファイルした。
2) (　　　　)で緊張してしまって、質問にうまく答えられなかった。
3) (　　　　)が発達しても人間が家族を大切に思う気持ちは変わらない。
4) 論文の下書きは今月中を(　　　　)にして書いている。
5) エジソンの偉大な(　　　　)の裏には何回もの失敗があった。

(p.255・確認テストの解答)　問題Ⅰ 1) a 2) b 3) c 4) b 5) b
問題Ⅱ 1) 発売 2) 気配 3) 快適 4) 適当 5) 発揮

第8週 5日目 — 漢語　役／用／要
かんご

重役
じゅうやく

重役になる　重役会議
じゅうやく　　　じゅうやくかいぎ

父は重役になって、会社の車が毎朝家まで迎えに来るようになった。
ちち　じゅうやく　　　　かいしゃ　くるま　まいあさいえ　　　むか
After my father became an executive, a company car picks him up at home every morning.
父亲自从当上董事后，每天早上公司的车就来我家接他。

主役
しゅやく

主役になる　主役を務める
しゅやく　　　しゅやく　つと

私の大好きな俳優が映画の主役を務めた。
わたし　だいす　　はいゆう　えいが　しゅやく　つと
My favorite actor is in the leading part in the movie.
我最喜欢的演员扮演了电影的主角。

役者
やくしゃ

役者になる　なかなかの役者
やくしゃ　　　　　　　　　やくしゃ

岡田さんは学生のころ役者になりたかったそうだ。
おかだ　　　　がくせい　　　やくしゃ
I heard Mr. Okada wanted to be an actor when he was a student.
听说冈田在学生时就想当演员。

役所
やくしょ

役所に勤める　市役所
やくしょ　つと　　　しやくしょ

あの人は役所に勤めている。
　　ひと　やくしょ　つと
That person is working for the government.
那个人在政府机关工作。

役割
やくわり

政治の役割　役割を分担する
せいじ　やくわり　やくわり　ぶんたん

私たちの安全な生活を守るのが政治の役割だ。
わたし　　　あんぜん　せいかつ　まも　　　せいじ　やくわり
The role of the government is to secure our safety.
保护我们安全地生活是政治的责任。

器用（きよう）　手先が器用だ　器用な人

妹は手先が器用で、自分で服や小物を作ってしまう。
My younger sister is good with her hands, so she even makes clothes and small articles.
妹妹手很巧，衣服、小物品都是自己做。

信用（しんよう）　信用する　信用を落とす

上司は佐藤さんの能力を信用して大事な仕事を任せた。
The boss left an important job up to Ms. Sato on his faith in her ability.
上司很相信佐藤的能力，委以了重任。

費用（ひよう）　旅行の費用　費用がかかる

国へ帰るのは費用がかかるので、私は3年に1回しか帰らない。
It costs a lot to visit my home country, so I visit there only once every three years.
回国要花钱，我只能三年回去一次。

用心（ようじん）　用心する　用心深い

もうすぐ受験なので風邪をひかないように用心している。
I am careful not to catch a cold because the exam is coming up soon.
因为快要考试了，所以我很注意以不要上感冒。

用途（ようと）　用途が広い　用途によって使い分ける

最近の携帯電話は用途が広くて、いろいろな使われ方をしている。
Recent cell phones are versatile, so people use them for various purposes.
最近，手机的用途广泛，被用于各个方面

261

主要 (しゅよう)
主要な産業　主要な問題点
(しゅよう　さんぎょう)　(しゅよう　もんだいてん)

日本の主要な産業は自動車だ。
(にほん　しゅよう　さんぎょう　じどうしゃ)
The main industry in Japan is automobile manufacturing.
日本的主要产业是汽车。

需要 (じゅよう)
需要と供給　需要が増える
(じゅよう　きょうきゅう)　(じゅよう　ふ)

暑い夏はビールの需要が増える。
(あつ　なつ　じゅよう　ふ)
Hot summers cause a higher demand for beer.
炎热的夏天啤酒的需求会增加。

要求 (ようきゅう)
要求する　要求を受け入れる
(ようきゅう)　(ようきゅう　う　い)

社員は社長に給料アップを要求した。
(しゃいん　しゃちょう　きゅうりょう　ようきゅう)
The employees asked the president for a raise.
员工要求老板涨工资了。

要旨 (ようし)
論文の要旨　要旨をまとめる
(ろんぶん　ようし)　(ようし)

昨日聞いた山本教授の講義の要旨をまとめて書いてください。
(きのう　き　やまもと　きょうじゅ　こうぎ　ようし　か)
Please write a summary of the main points of Prof. Yamamoto's lecture that you listened to yesterday.
请把昨天听的山本教授讲义的概要整理一下写出来。

要素 (ようそ)
第一の要素　不安な要素がある
(だいいち　ようそ)　(ふあん　ようそ)

チームワークの良さが優勝できた第一の要素だ。
(よ　ゆうしょう　だいいち　ようそ)
Good teamwork was the primary factor in the victory.
团队精神是获得冠军的最重要因素。

確認テスト

【問題Ⅰ】 正しいものに○をつけなさい。

1) 税金はコンビニで払うことができるので、{ a. 要求　b. 用途　c. 役所 } に行かなくてもいい。

2) この商品の { a. 需要　b. 要素　c. 要旨 } はこれから増えるので、生産を強化したほうがいい。

3) 私は { a. 器用　b. 信用　c. 費用 } ではないので、料理をするにも時間がかかる。

4) 来月の引っ越しの { a. 需要　b. 費用　c. 主要 } を準備する必要がある。

5) この映画では若い女優が立派に { a. 主役　b. 役所　c. 要旨 } を務めた。

【問題Ⅱ】 （　　）に入る適当な言葉を　　　　　から選びなさい。
同じ言葉は一度しか使えません。

信用　役割　用心　要素　用途

1) （　　　　　　　）がはっきりしないものに予算は与えられない。

2) 今月から課長になったので、課長としての（　　　　　　　）をきちんとしていこうと思っている。

3) 仕事で成功する一番の（　　　　　　　）は、人とのコミュニケーションを大切にすることだ。

4) 忙しいと思いますが、病気にならないように（　　　　　　　）してくださいね。

5) 母はあの医者をとても（　　　　　　　）しているので、他の病院へ行かない。

(p.259・確認テストの解答)　問題Ⅰ　1) b　2) c　3) c　4) c　5) a
問題Ⅱ　1) 項目　2) 面接　3) 文明　4) 目安　5) 発明

第9週 1日目 　接辞　接頭語
せつじ　せっとうご

各〜 (かく)
各国（かっこく）　各方面（かくほうめん）　各地（かくち）　各学生（かくがくせい）

アジア各国（かっこく）の首相（しゅしょう）が集（あつ）まって、経済問題（けいざいもんだい）について話（はな）し合（あ）いがされた。
Prime ministers from Asian nations discussed economic issues.
亚洲各国首脑聚集在一起探讨了经济问题。

高〜 (こう)
高気圧（こうきあつ）　高収入（こうしゅうにゅう）　高カロリー　高学歴（こうがくれき）

日本（にほん）は高気圧（こうきあつ）に覆（おお）われて、今日（きょう）は各地（かくち）でいい天気（てんき）になる。
The high pressure system covering Japan today is bringing nice weather to all regions of the country.
日本受到高气压的影响，今天各地都是好天气。

再〜 (さい)
再開発（さいかいはつ）　再利用（さいりよう）　再放送（さいほうそう）　再婚（さいこん）

駅前（えきまえ）は再開発（さいかいはつ）されて、今（いま）では高（たか）いビルやデパートが並（なら）んでいる。
The station area was redeveloped and is now crowded with high-rises and department stores.
车站前被重新开发，如今高楼和百货公司林立。

最〜 (さい)
最新（さいしん）　最速（さいそく）　最終（さいしゅう）　最高級（さいこうきゅう）

最新（さいしん）のゲームを買（か）ってもらい、あの子（こ）は喜（よろこ）んでいる。
The child is happy to get the latest game.
买了最新的游戏给那个孩子，他高兴极了。

諸〜 (しょ)
諸国（しょこく）　諸問題（しょもんだい）　諸事情（しょじじょう）　諸先輩方（しょせんぱいがた）

大学（だいがく）を卒業（そつぎょう）する前（まえ）にヨーロッパ諸国（しょこく）を旅行（りょこう）したい。
I want to travel around European countries before graduating from my university.
大学毕业前，我想去欧洲各国旅游。

助〜 (じょ)

助教授 (じょきょうじゅ)　助監督 (じょかんとく)　助手 (じょしゅ)　助演 (じょえん)

山本教授は35歳のときに助教授になった。
Professor Yamamoto became an assistant professor when he was 35.
山本教授在35岁时当了副教授。

低〜 (てい)

低年齢 (ていねんれい)　低予算 (ていよさん)　低レベル (ていレベル)　低学年 (ていがくねん)

犯罪の低年齢化が問題になっている。
Crimes committed by younger persons have been an issue.
犯罪的低龄化成了问题。

反〜 (はん)

反政府 (はんせいふ)　反道徳 (はんどうとく)　反社会的 (はんしゃかいてき)　反体制 (はんたいせい)

あの人は反政府運動に参加して、逮捕されたことがある。
The person was arrested when he was involved in an anti-government movement.
那个人曾经参加过反政府运动，被逮捕过。

非〜 (ひ)

非常識 (ひじょうしき)　非現実的 (ひげんじつてき)　非公式 (ひこうしき)　非売品 (ひばいひん)

あいさつしないなんて、あの人は非常識だ。
He lacks common sense because he does not greet people.
连招呼也不打，那个人太没有常识了。

不〜 (ふ／ぶ)

不必要 (ふひつよう)　不景気 (ふけいき)　不確か (ふたしか)　不幸せ (ふしあわせ)

100円ショップへ行くと、いつも不必要なものまで買ってしまう。
When I go to a 100 yen shop, I always cannot help buying unnecessary things.
每次去百元商店，都会连不需要的商品也买了回来。

古〜（ふる）　古本　古新聞　古傷（ふるきず）　古顔（ふるがお）

古本を売って、少しお金をもらった。
Selling some old books, I got a little money.
把旧书卖了一点儿钱。

未〜（み）　未発表（みはっぴょう）　未完成（みかんせい）　未解決（みかいけつ）　未定（みてい）

5年前に亡くなった歌手の未発表だった曲が発売された。
An unreleased song by the singer who died five years ago has been released.
5年前去世的歌手未发表的歌曲被出售了。

名〜（めい）　名場面（めいばめん）　名女優（めいじょゆう）　名医（めいい）　名曲（めいきょく）

この映画の最後は名場面として知られている。
The last scene of this movie is known as the best scene.
这部电影的结尾作为经典场面而广为人知。

真〜（ま）　真新しい（まあたらしい）　真後ろ（まうしろ）　真水（まみず）　真夏（まなつ）

真新しいスーツを着て、入社試験に行った。
I went to take a company entrance examination wearing a brand-new suit.
穿着崭新的西服去参加了公司的录用考试。

無〜（む）　無責任（むせきにん）　無意識（むいしき）　無料（むりょう）　無関係（むかんけい）

仕事を途中でやめるなんて無責任だ。
It is irresponsible to quit in the middle of your job.
工作做了一半不做了，真没责任感。

確認テスト

第9週1日目　接辞　接頭語

月　日　／10

【問題Ⅰ】　正しいものに○をつけなさい。

1) 高橋さんは { a. 低　b. 無 } レベルの嘘をつくから困る。
2) { a. 未　b. 高 } 解決だった交通事故の犯人がやっと逮捕された。
3) 祖母は貧乏でしたが、{ a. 非　b. 不 } 幸せな人生ではありませんでした。
4) 世界 { a. 各　b. 反 } 地で平和運動が行われている。
5) 子どものとき大好きだったテレビアニメが先週から { a. 古　b. 再 } 放送されている。

【問題Ⅱ】　（　）に入る適当な言葉を □ から選びなさい。
　　　　　同じ言葉は一度しか使えません。

最　名　非　真　無

1) このCDには懐かしい（　　　　　）曲がたくさん入っている。
2) （　　　　　）夏の太陽が熱くて、草花が弱ってしまった。
3) 大企業の社長が（　　　　　）公式にベトナムを訪問した。
4) 残業で帰るのが遅くなって、（　　　　　）終バスに間に合わなかった。
5) たばこをやめたのに、（　　　　　）意識にたばこを取ろうとポケットに手を入れてしまう。

(p.263・確認テストの解答)　問題Ⅰ　1) c　2) a　3) a　4) b　5) a
問題Ⅱ　1) 用途　2) 役割　3) 要素　4) 用心　5) 信用

第9週 2日目 接辞　接尾語

〜化（か）
国際化（こくさいか）　映画化（えいがか）　習慣化（しゅうかんか）　機械化（きかいか）

私の国では留学生や外国人労働者が増えて国際化が進んでいる。
My country has become increasingly internationalized with more foreigners studying and working there.
我的国家留学生以及外国劳动者在增加，正在向着国际化推进。

〜感（かん）
満足感（まんぞくかん）　一体感（いったいかん）　責任感（せきにんかん）　親近感（しんきんかん）

おいしいものを食べて、心も体も満足感でいっぱいです。
I ate delicious food, so I am filled with a sense of mental and physical satisfaction.
吃好吃的东西，身心都会很满足。

〜観（かん）
価値観（かちかん）　先入観（せんにゅうかん）　人生観（じんせいかん）　宗教観（しゅうきょうかん）

私と彼は価値観が違うことに気付いて離婚しました。
I got divorced because I noticed that his sense of values was different from mine.
我发现与他的价值观不同，所以离婚了。

〜期（き）
少年期（しょうねんき）　前期（ぜんき）　長期（ちょうき）　一学期（いちがっき）

あの俳優は両親が小さいころに亡くなって、苦労の多い少年期を送ったそうだ。
I heard that the actor lost his parents when he was little and had many difficulties in his boyhood.
那个演员好像在小时候失去了双亲，少年时期过得很苦。

〜者（しゃ／もの）
関係者（かんけいしゃ）　医者（いしゃ）　働き者（はたらきもの）　怠け者（なまけもの）

関係者はこちらの入り口からお入りください。
Authorized people can use this entrance.
有关人员请从这边的入口进入。

～手（しゅ／て）
選手（せんしゅ）　運転手（うんてんしゅ）　聞き手（ききて）　若手（わかて）

サッカー選手が握手してくれた。
A soccer player shook my hand.
足球选手与我握了手。

～性（せい）
可能性（かのうせい）　国民性（こくみんせい）　必要性（ひつようせい）　将来性（しょうらいせい）

この車はエンジンが壊れている可能性がある。
The engine in this car may be broken.
这个汽车的引擎可能坏了。

～品（ひん）
貴重品（きちょうひん）　必需品（ひつじゅひん）　芸術品（げいじゅつひん）　食料品（しょくりょうひん）

貴重品はロッカーに入れないでください。
Please do not put any valuables in the lockers.
贵重物品请勿放入存放柜。

～み
新鮮み（しんせんみ）　弱み（よわみ）　温かみ（あたたかみ）　ありがたみ

大学は4年間同じクラスメートなので、新しい学年になっても新鮮みがない。
I have the same classmates for four years at university, so I don't feel anything fresh at the beginning of a new academic year.
大学4年都是一样的同学，所以即使是新学年也没有新鲜感。

～用（よう）
家庭用（かていよう）　婦人用（ふじんよう）　二人用（ふたりよう）　貸し出し用（かしだしよう）

この小型のコピー機は家庭用です。
This compact photocopier is for home use.
这台小型复印机为家庭用。

269

～論　理想論　一般論　結果論　演劇論
　　　　　　りそうろん　いっぱんろん　けっかろん　えんげきろん

そんなことは理想論でしかない。もっと現実的な話をしよう。
　　　　　　　りそうろん　　　　　　　　げんじつてき
Such an idea is merely idealism. Let's talk about more realistic things.
这样的事只是理想论。说些更加现实性的事情吧。

～にくい　読みにくい　扱いにくい　分かりにくい　答えにくい
　　　　　　　　　　　　あつか　　　　　わ　　　　　　こた

このレポートは字が汚くて読みにくい。
　　　　　　　じ　きたな　　よ
The handwriting in this report is hard to read.
这份报告的字太潦草了，难以认读。

～やすい　相談しやすい　書きやすい　変わりやすい　さびやすい
　　　　　　そうだん　　　　　か　　　　　　か

私の上司は親切な人なので、いろいろと相談しやすい人です。
わたし　じょうし　しんせつ　　　　　　　　　　　　そうだん
My boss is a kind person, so I feel comfortable asking him for advice about various things.
我的上司是个热情的人，有什么事情都爱与他商量。

～づらい　歩きづらい　伝わりづらい　いづらい　入りづらい
　　　　　　ある　　　　　つた　　　　　　　　　　　　はい

この靴は重くて歩きづらい。
　　　くつ　おも　　ある
It is uncomfortable to walk in these heavy shoes.
这双鞋很重，很难走。

～的　国際的　家庭的　伝統的　比較的
　　　てき　こくさいてき　かていてき　でんとうてき　ひかくてき

野口さんは3か国語が話せて、国際的な仕事をしている。
のぐち　　　　　　　　　　　　こくさいてき　しごと
Ms. Noguchi is trilingual, and has an international job.
野口会说3种语言，做着国际性的工作。

確認テスト

【問題Ⅰ】 正しいものに○をつけなさい。

1) この説明は分かり { a. やすい　b. にくい } から、別の言い方にかえよう。
2) 困ったときにいろいろな人が助けてくれて、
　　周りの人のありがた { a. み　b. づらい } を感じた。
3) 姉は意外と家庭 { a. 観　b. 的 } な人で、家事をするのが好きなようだ。
4) あの新人の仕事の仕方を見ると将来 { a. 用　b. 性 } を感じる。
5) 聞き { a. 手　b. 期 } によく伝わるように分かりやすく話そう。

【問題Ⅱ】 (　) に入る適当な言葉を ☐ から選びなさい。
同じ言葉は一度しか使えません。

化　感　者　品　論

1) 農業も機械 (　　　　) が進んで便利になった。
2) 私は怠け (　　　　) で、ブログもダイエットも続かない。
3) マスクは風邪をひいたときの必需 (　　　　) です。
4) 朝食は食べたほうがいいというのが一般 (　　　　) だが、私の場合は
　　食べないほうが体の調子がいい。
5) 責任 (　　　　) のない人に重要な仕事をまかせることはできない。

(p.267・確認テストの解答)　問題Ⅰ 1) a　2) a　3) b　4) a　5) b
問題Ⅱ　1) 名　2) 真　3) 非　4) 最　5) 無

第9週 3日目 　複合動詞など　接頭

受け〜　　受け取る　受け持つ　受け付ける

両親が送ってくれた荷物を受け取った。
I received a parcel from my parents.
我收到了父母送给我的包裹。

追い〜　　追いかける　追い越す　追い求める

警察官が泥棒を追いかけていた。
A policeman was chasing a thief.
那时候，警察在追小偷。

落ち〜　　落ち込む　落ち着く　落ち合う

試験の点数が悪かったので、落ち込んだ。
I am depressed about my bad exam result.
考试的分数不好，所以情绪低落。

通り〜　　通り過ぎる　通り掛かる　通り抜ける

考えごとをしていたら、銀行を通り過ぎてしまった。
I was thinking about something, and went right pass the bank.
想着一些事情，不知不觉走过了银行。

飛び〜　　飛び出す　飛び込む　飛びつく

突然道路に飛び出したら危ないですよ。
It is dangerous to run into the street.
突然跑到路上的话，很危险的。

取り〜　　取り上げる　取り入れる　取り出す

明日の会議で来年の予算について取り上げるつもりだ。
I am planning to talk about next year's budget in tomorrow's meeting.
在明天的会议上，准备提出明年的预算。

引き〜　　引き受ける　引き返す　引き出す

外国へ行く友だちが飼えなくなったペットを私が引き受けることにした。
I decided to adopt my friend's pet because he is going to a foreign country and cannot keep it.
朋友因去外国，不能再养的宠物，我承担了。

引っ〜　　引っ掛ける　引っ込む　引っ張る

洋服をドアに引っ掛けて、破ってしまった。
My dress was caught in the door and ripped.
衣服挂在门上，撕破了。

振り〜　　振り返る　振り込む　振り落とす

留学に出発する友だちは何度もこちらを振り返って、手を振った。
My friend, who was leaving to study abroad, turned around and waved to me many times.
去留学的朋友向这边回了好几次头，并挥了手。

確認テスト

【問題Ⅰ】 正しいものに○をつけなさい。

1) 夢を { a. 通り b. 追い } かけている人はとても素敵だと思う。
2) あの郵便局員はこの地域の配達を { a. 飛び b. 受け } 持っている。
3) その女の人は帰りたくないと言う子どもの手を { a. 振り b. 引っ } 張って歩いていた。
4) 銀行に預けてあるお金を { a. 引き b. 振り } 出した。
5) この公園を { a. 通り b. 引き } 抜けると近道だ。

【問題Ⅱ】 （　）に入る適当な言葉を □ から選びなさい。同じ言葉は一度しか使えません。

受け　落ち　飛び　取り　振り

1) 馬に乗っていた人が（　　　　　）落とされてけがをした。
2) この体操はヨガの動きを（　　　　　）入れています。
3) この音楽を聞くと（　　　　　）着く。
4) 申し込み書は4月10日まで（　　　　　）付けます。
5) あの人は動物が苦手なようで、犬を見て私に（　　　　　）ついた。

(p.271・確認テストの解答)　問題Ⅰ 1) b 2) a 3) b 4) a 5) a
問題Ⅱ 1) 化 2) 者 3) 品 4) 論 5) 感

第9週3日目　複合動詞など　接頭

【複合動詞】

2つの語が結びついてできた語を複合語と言い、名詞になるもの、形容詞になるもの、動詞になるもの、副詞になるものなどがあります。その中で今日は動詞になるものを取り上げています。2つの動詞（動詞＋動詞）を組み合わせてできた複合動詞では、1つ目の動詞はほとんどの場合「マス形」になります。

例）受け取る　→　「受ける」のマス形＝「受けます」
　　押し出す　→　「押す」のマス形＝「押します」

275

第9週 4日目 複合動詞など 接尾（1）

〜合（あ）う　　釣（つ）り合う　出（で）合う（出会う）　話（はな）し合う

あの奥（おく）さんとご主人（しゅじん）は釣（つ）り合わない。
The wife and her husband are not well matched.
那个夫人和她的丈夫不相配。

〜合（あ）わせる　　問（と）い合わせる　待（ま）ち合わせる　打（う）ち合わせる（→打ち合わせ p.184）

コンサートのチケットをまだ売っているかどうか電話で問（と）い合わせた。
I made a phone call to see if they were still selling the concert tickets.
我打电话询问了还有没有演唱会的票。

〜上（あ）がる　　立（た）ち上がる　浮（う）き上がる　でき上がる

観客（かんきゃく）は立ち上がって拍手（はくしゅ）した。
The audience gave a standing ovation.
观众站起来鼓了掌。

〜上（あ）げる　　見（み）上げる　持（も）ち上げる　追（お）い上げる

星（ほし）がきれいだったので、しばらく夜空（よぞら）を見上げていた。
Stars were beautiful, so I looked up at the night sky for a while.
星星很漂亮，我仰头看了一会儿夜空。

〜返（かえ）す　　裏（うら）返す　繰（く）り返す　引（ひ）っくり返す

そして肉（にく）を裏返（うらがえ）して、5分ぐらい焼（や）きます。
Then flip the meat over, and cook it for about five more minutes.
然后将肉翻过来，再烤5分钟左右。

～かえる／換える／替える　取りかえる　差し替える　乗り換える

このCDデッキは電池を取りかえても動かないから壊れていると思う。
I think this CD deck is broken because it doesn't work even after I changed the batteries.
这个CD播放器即使换了电池也不动，我想应该坏了吧。

～掛かる　飛び掛かる　引っ掛かる　お目に掛かる

猫が飛び掛かってきたので、すごく驚いた。
I was very surprised by a cat jumping on me.
猫扑了过来，我大吃一惊。

掛ける　呼び掛ける　話し掛ける　押し掛ける

電力会社の人が電気を節約するように呼び掛けた。
The power company workers called for cutting down on electricity consumption.
电力公司的人号召大家节约用电。

～切る　区切る　張り切る　裏切る

病室はひとりひとりのスペースがカーテンで区切られている。
The hospital room has curtains to provide separate space for each patient.
在病房用帘子将每个人的空间隔开。

277

確認テスト

【問題Ⅰ】 正しいものに○をつけなさい。

1) 試合の後半で私たちのチームが { a. 追い上げて　b. 持ち上げて }、最後は1点差で勝つことができた。

2) 詳しいことは市役所に { a. 問い合わせて　b. 待ち合わせて } くださいと書いてあった。

3) 猫は魚に { a. 引っ掛かって　b. 飛び掛かって }、あっという間に食べてしまった。

4) 資料に間違いがあったので、今から配る紙に { a. 差し替えて　b. 差し上げて } ください。

5) 汗をかいたのでシャツを { a. 取り上げて　b. 取りかえて } さっぱりした。

【問題Ⅱ】（　）に入る言葉を□から選び、適当な形にして書きなさい。同じ言葉は一度しか使えません。

合う　上がる　返す　掛ける　切る

1) デパートで買い物をしていたら、知らない人が話し（　　　　　）てきた。
2) 机の引き出しを全部引っくり（　　　　　）て探したが、見つからなかった。
3) 私が東京の会社に就職したら両親の期待を裏（　　　　　）ことになる。
4) 昨日は夜まで友だちと旅行の計画について話し（　　　　　）。
5) 死んだ魚が海にたくさん浮き（　　　　　）てきた。

(p.274・確認テストの解答)　問題Ⅰ　1) b 2) b 3) b 4) a 5) a
問題Ⅱ　1) 振り 2) 取り 3) 落ち 4) 受け 5) 飛び

第9週4日目　複合動詞など　接尾（1）

【複合動詞】

複合動詞には「名詞＋動詞」「形容詞＋動詞」などもあります。「形容詞＋動詞」の場合、1つ目の形容詞は語幹（「○○○い」の「○○○」の部分）になります。

例）近寄る　→　「近い」の語幹＝「近」
　　若返る　→　「若い」の語幹＝「若」

第9週 5日目 複合動詞など 接尾（2）

～消す　取り消す　打ち消す　かき消す

出張を延期したので、飛行機の予約を取り消した。
Since I postponed my business trip, I canceled the airplane reservation.
出差延期了，所以将预定的机票取消了。

～越す　飛び越す　見越す　持ち越す

野口さんは課長を飛び越して、部長になった。
Ms. Noguchi skipped the position of section manager, and became a department manager.
野口跳过科长直接当上了部长。

～込む　申し込む　払い込む　突っ込む

近所のテニススクールに申し込みに行った。
I went to apply for admission to the tennis school nearby.
我去就近的网球教室报了名。

～出す　引き出す　呼び出す　見つけ出す

国から送ってもらったお金を銀行で引き出した。
I withdrew the money, which was sent from my country, from the bank.
我在银行把国家给的钱取了出来。

～立つ　燃え立つ　煮え立つ　引き立つ

試合の直前に、負けたくないという燃え立つような感情が出てきた。
I felt really fired up with a desire to win just before the game.
比赛开始前，我的内心燃起了不想输这样的感情。

～付く／着く　　追い付く　落ち着く　焼き付く

私は自転車で出掛けたので、歩いて先に家を出た母に追い付いた。
I caught up with my mother who left the house on foot before me because I was riding a bike.
我骑着自行车，赶上了先走路出门的妈妈。

～つける／付ける　　言いつける　貼り付ける　気を付ける

兄弟げんかをすると、いつも妹が親に言いつけて、私が叱られた。
Whenever I had a fight with my younger sister, she complained to my parents and I was scolded.
和妹妹吵架时，她总是向父母告状，我挨批评。

～直す　　見直す　やり直す　考え直す

試験中、時間があまっていたので、何度も見直した。
I went over my answers many times during the exam because I had some extra time.
考试时有剩余时间，所以我检查了好几次。

～回る　　歩き回る　飛び回る　暴れ回る

昨日はデパートを4時間も歩き回って疲れてしまった。
I walked around in a department store for four hours yesterday, so I am exhausted.
昨天我在百货公司转了4个小时，累极了。

確認テスト

【問題Ⅰ】 正しいものに○をつけなさい。

1) この問題について { a. 申し込んだ　b. 突っ込んだ } 意見を出す人はいなかった。
2) 工事の音がうるさくて、授業をしている先生の声が
　 { a. かき消されて　b. 取り消されて } しまう。
3) 計算が合わないから、もう一度最初から { a. やり直す　b. やりつく } しかない。
4) いなくなった猫を早く { a. 見つけ越して　b. 見つけ出して } やりたい。
5) この居酒屋は壁にメニューが { a. 気を付けて　b. 貼り付けて } ある。

【問題Ⅱ】（　）に入る言葉を □ から選び、適当な形にして書きなさい。
　　　　　同じ言葉は一度しか使えません。

消す	越す	立つ	付く	回る

1) 結婚式の日も決まっていたのに、あの人は婚約を取り（　　　　　）そうだ。
2) 地味なスーツを着ている人が多かったので、赤いドレスを着た彼女は
　 引き（　　　　　）て見えた。
3) 砂漠で見た日の出が心に焼き（　　　　　）ている。
4) 株価が上がると見（　　　　　）て、大量に買った。
5) 野口さんは仕事で海外を飛び（　　　　　）ていて忙しそうだ。

(p.278・確認テストの解答)　問題Ⅰ 1) a 2) a 3) b 4) a 5) b
問題Ⅱ 1) 掛け 2) 返し 3) 切る 4) 合った 5) 上がっ

第9週5日目　複合動詞など　接尾（2）

日本語能力試験Ｎ２で、語彙を直接問う問題は以下の４パターンです。

〔パターン１〕　複合語や派生語の問題

例）昨日、友だちが酔っぱらって突然私の家に押し（　　　　　）来た。

1　あわせて　　　2　あげて　　　3　かえて　　　4　かけて

〔パターン２〕　あてはまる語を選ぶ問題

例）彼は自分の（　　　　　）を認めて謝罪した。

1　過失　　　2　過程　　　3　感謝　　　4　感動

〔パターン３〕　意味が似ているものを選ぶ問題

例）入社してまだ２週間なので不安もあるが、徐々に慣れるだろう。

1　すでに　　　2　たちまち　　　3　だんだん　　　4　とっくに

〔パターン４〕　語の使い方を選ぶ問題

例）空想

1　この物語がこのあとどうなるのか空想もつかない。
2　小さいころ、絵本を読むと空想の世界が広がって楽しかった。
3　橋本さんは空想が高くてなかなか結婚できない。
4　そんな空想なことを言って、みんなを困らせてはいけない。

答え→〔1〕4　〔2〕1　〔3〕3　〔4〕2

漢字チェックリスト

この参考書で学習する漢字の一覧です。総画数順に並んでいます。
覚えた漢字には □ 欄にチェックを入れましょう。
まだ覚えていないものや、よくわからないものは、ページ番号を参照して優先的に勉強するなど、あなたの学習に役立ててください。

2画
- □ 了 …… 49
- □ 丁 …… 99

3画
- □ 士 …… 26
- □ 与 …… 44

4画
- □ 比 …… 35
- □ 片 …… 41
- □ 互 …… 46
- □ 氏 …… 47
- □ 井 …… 53
- □ 双 …… 85
- □ 冗 …… 89

5画
- □ 汁 …… 13
- □ 井 …… 13
- □ 刊 …… 15
- □ 払 …… 20
- □ 込 …… 20
- □ 札 …… 21
- □ 甘 …… 24
- □ 圧 …… 30
- □ 処 …… 31
- □ 加 …… 40
- □ 占 …… 45
- □ 申 …… 48
- □ 召 …… 49
- □ 令 …… 58
- □ 司 …… 58
- □ 庁 …… 58
- □ 民 …… 60
- □ 玄 …… 62
- □ 穴 …… 77
- □ 句 …… 81
- □ 丘 …… 99

6画
- □ 仮 …… 14
- □ 汚 …… 16
- □ 両 …… 20
- □ 因 …… 30
- □ 忙 …… 32
- □ 企 …… 35
- □ 充 …… 40
- □ 印 …… 44
- □ 共 …… 46
- □ 江 …… 52
- □ 宇 …… 54
- □ 守 …… 59
- □ 灯 …… 66
- □ 灰 …… 73
- □ 羊 …… 74
- □ 舌 …… 83
- □ 肌 …… 83
- □ 叫 …… 88
- □ 吐 …… 90
- □ 刑 …… 93

7画
- □ 含 …… 13
- □ 戻 …… 20
- □ 杉 …… 22
- □ 快 …… 24
- □ 状 …… 30
- □ 抜 …… 31
- □ 完 …… 31
- □ 応 …… 33
- □ 改 …… 36
- □ 余 …… 40
- □ 別 …… 43
- □ 囲 …… 46
- □ 我 …… 46
- □ 伺 …… 49
- □ 沖 …… 52
- □ 沈 …… 53
- □ 沢 …… 53
- □ 災 …… 55

8画
- □ 防 …… 55
- □ 条 …… 58
- □ 乱 …… 59
- □ 攻 …… 61
- □ 床 …… 62
- □ 辛 …… 65
- □ 即 …… 67
- □ 吹 …… 79
- □ 妊 …… 85
- □ 似 …… 87
- □ 励 …… 89
- □ 更 …… 91
- □ 坊 …… 92
- □ 序 …… 94
- □ 批 …… 94
- □ 阪 …… 97

8画
- □ 届 …… 12
- □ 券 …… 12
- □ 招 …… 12
- □ 並 …… 15
- □ 居 …… 16
- □ 到 …… 17
- □ 刻 …… 18
- □ 松 …… 22
- □ 固 …… 24
- □ 宗 …… 25
- □ 宝 …… 26
- □ 命 …… 27
- □ 肩 …… 28
- □ 況 …… 30
- □ 依 …… 35
- □ 価 …… 36
- □ 拡 …… 39
- □ 拒 …… 40
- □ 版 …… 41
- □ 毒 …… 42
- □ 周 …… 46
- □ 協 …… 46
- □ 抱 …… 47
- □ 参 …… 48

□ 拝 …… 49	□ 泉 …… 53	□ 値 …… 38
□ 承 …… 49	□ 専 …… 56	□ 財 …… 38
□ 宙 …… 54	□ 限 …… 56	□ 納 …… 38
□ 昇 …… 54	□ 省 …… 58	□ 除 …… 40
□ 述 …… 57	□ 狭 …… 63	□ 殺 …… 42
□ 制 …… 58	□ 荘 …… 63	□ 恐 …… 42
□ 委 …… 60	□ 封 …… 64	□ 破 …… 43
□ 武 …… 61	□ 勇 …… 70	□ 致 …… 48
□ 宛 …… 64	□ 珍 …… 70	□ 浜 …… 52
□ 往 …… 66	□ 革 …… 71	□ 浮 …… 53
□ 刷 …… 68	□ 柄 …… 71	□ 害 …… 55
□ 枠 …… 68	□ 咲 …… 72	□ 修 …… 56
□ 枝 …… 72	□ 枯 …… 72	□ 捕 …… 59
□ 牧 …… 74	□ 浄 …… 75	□ 党 …… 60
□ 沼 …… 75	□ 炭 …… 76	□ 挙 …… 60
□ 泥 …… 76	□ 洞 …… 77	□ 討 …… 61
□ 炎 …… 78	□ 洪 …… 79	□ 射 …… 61
□ 波 …… 79	□ 津 …… 79	□ 軒 …… 62
□ 肪 …… 82	□ 荒 …… 79	□ 畜 …… 74
□ 拍 …… 85	□ 紅 …… 84	□ 凍 …… 75
□ 刺 …… 86	□ 看 …… 86	□ 埋 …… 76
□ 殴 …… 88	□ 祖 …… 87	□ 被 …… 78
□ 怖 …… 88	□ 侵 …… 95	□ 俳 …… 81
□ 泡 …… 90	□ 栃 …… 97	□ 将 …… 81
□ 延 …… 91	□ 茨 …… 97	□ 眠 …… 82
□ 祈 …… 92		□ 脂 …… 82
□ 放 …… 93	**10画**	□ 華 …… 84
□ 屈 …… 96	□ 配 …… 12	□ 娠 …… 85
□ 奈 …… 98	□ 庭 …… 16	□ 脈 …… 85
□ 阜 …… 98	□ 途 …… 17	□ 剤 …… 86
□ 岡 …… 99	□ 航 …… 19	□ 孫 …… 87
	□ 振 …… 21	□ 恥 …… 88
9画	□ 桜 …… 22	□ 宴 …… 90
□ 契 …… 14	□ 梅 …… 22	□ 酌 …… 90
□ 巻 …… 15	□ 純 …… 24	□ 捜 …… 93
□ 美 …… 22	□ 展 …… 25	□ 秩 …… 94
□ 香 …… 22	□ 恵 …… 25	□ 砲 …… 95
□ 姿 …… 23	□ 胸 …… 28	□ 核 …… 95
□ 柔 …… 23	□ 骨 …… 29	
□ 城 …… 26	□ 症 …… 30	**11画**
□ 栄 …… 26	□ 針 …… 31	□ 混 …… 13
□ 昭 …… 26	□ 疲 …… 32	□ 盛 …… 13
□ 背 …… 28	□ 兼 …… 32	□ 域 …… 14
□ 胃 …… 29	□ 従 …… 33	□ 著 …… 15
□ 逃 …… 42	□ 般 …… 34	□ 清 …… 16
□ 迷 …… 45	□ 案 …… 35	□ 掃 …… 16
□ 皆 …… 47	□ 益 …… 37	□ 符 …… 18
□ 砂 …… 52	□ 株 …… 37	□ 停 …… 18

285

☐ 郵 …… 19	☐ 鹿 …… 98	☐ 帽 …… 71
☐ 貨 …… 21	☐ 梨 …… 99	☐ 傘 …… 71
☐ 帳 …… 21	☐ 崎 …… 99	☐ 装 …… 71
☐ 脱 …… 23	**12画**	☐ 散 …… 72
☐ 掛 …… 23	☐ 渡 …… 12	☐ 紫 …… 73
☐ 軟 …… 23	☐ 越 …… 14	☐ 塚 …… 77
☐ 堂 …… 25	☐ 証 …… 14	☐ 湿 …… 80
☐ 健 …… 27	☐ 港 …… 17	☐ 嵐 …… 80
☐ 康 …… 27	☐ 過 …… 17	☐ 詞 …… 81
☐ 異 …… 27	☐ 普 …… 18	☐ 喫 …… 82
☐ 脳 …… 29	☐ 換 …… 20	☐ 粧 …… 84
☐ 訪 …… 33	☐ 替 …… 20	☐ 握 …… 89
☐ 採 …… 34	☐ 診 …… 27	☐ 絶 …… 89
☐ 務 …… 36	☐ 腕 …… 28	☐ 超 …… 91
☐ 販 …… 38	☐ 筋 …… 29	☐ 裁 …… 93
☐ 得 …… 39	☐ 就 …… 33	☐ 統 …… 94
☐ 略 …… 40	☐ 募 …… 34	☐ 衆 …… 94
☐ 章 …… 41	☐ 雇 …… 34	☐ 隊 …… 96
☐ 責 …… 42	☐ 評 …… 36	☐ 媛 …… 98
☐ 張 …… 43	☐ 善 …… 36	**13画**
☐ 寄 …… 45	☐ 勤 …… 36	☐ 溶 …… 13
☐ 頂 …… 49	☐ 営 …… 37	☐ 賃 …… 14
☐ 基 …… 57	☐ 景 …… 37	☐ 違 …… 18
☐ 票 …… 60	☐ 減 …… 39	☐ 照 …… 21
☐ 菓 …… 64	☐ 幅 …… 41	☐ 預 …… 21
☐ 瓶 …… 65	☐ 割 …… 43	☐ 勢 …… 23
☐ 粒 …… 65	☐ 象 …… 44	☐ 腹 …… 28
☐ 渋 …… 66	☐ 遊 …… 45	☐ 腰 …… 28
☐ 斜 …… 68	☐ 援 …… 47	☐ 節 …… 29
☐ 菊 …… 72	☐ 尊 …… 48	☐ 傷 …… 31
☐ 紺 …… 73	☐ 敬 …… 48	☐ 触 …… 31
☐ 彩 …… 73	☐ 御 …… 48	☐ 較 …… 35
☐ 猫 …… 74	☐ 湾 …… 52	☐ 資 …… 37
☐ 豚 …… 74	☐ 極 …… 54	☐ 債 …… 37
☐ 掘 …… 76	☐ 博 …… 57	☐ 損 …… 39
☐ 巣 …… 77	☐ 策 …… 57	☐ 裏 …… 41
☐ 崩 …… 78	☐ 量 …… 62	☐ 勧 …… 45
☐ 乾 …… 80	☐ 廊 …… 62	☐ 源 …… 53
☐ 涼 …… 80	☐ 筒 …… 64	☐ 義 …… 56
☐ 脚 …… 83	☐ 酢 …… 65	☐ 署 …… 59
☐ 眼 …… 83	☐ 街 …… 66	☐ 歳 …… 64
☐ 患 …… 86	☐ 距 …… 66	☐ 詰 …… 65
☐ 視 …… 86	☐ 隅 …… 68	☐ 滞 …… 66
☐ 菌 …… 86	☐ 堅 …… 69	☐ 携 …… 67
☐ 偶 …… 87	☐ 硬 …… 69	☐ 詳 …… 69
☐ 渇 …… 90	☐ 鈍 …… 69	☐ 頑 …… 70
☐ 盗 …… 93	☐ 偉 …… 70	☐ 靴 …… 71
☐ 埼 …… 97		

☐ 飼 …… 74	☐ 領 …… 95	**17画**
☐ 滝 …… 75	☐ 銃 …… 95	☐ 療 …… 27
☐ 鉱 …… 76	**15画**	☐ 購 …… 38
☐ 傾 …… 78	☐ 駐 …… 17	☐ 縮 …… 39
☐ 雷 …… 80	☐ 輪 …… 17	☐ 齢 …… 44
☐ 詩 …… 81	☐ 標 …… 18	☐ 環 …… 54
☐ 睡 …… 82	☐ 劇 …… 25	☐ 講 …… 56
☐ 煙 …… 82	☐ 舞 …… 25	☐ 鮮 …… 73
☐ 飾 …… 84	☐ 蔵 …… 26	☐ 燥 …… 80
☐ 嫌 …… 88	☐ 養 …… 32	☐ 覧 …… 81
☐ 催 …… 90	☐ 課 …… 33	☐ 謝 …… 89
☐ 殿 …… 92	☐ 論 …… 33	☐ 厳 …… 96
☐ 跡 …… 92	☐ 暴 …… 42	**18画**
☐ 盟 …… 96	☐ 緊 …… 43	☐ 贈 …… 12
☐ 群 …… 97	☐ 震 …… 55	☐ 額 …… 38
14画	☐ 影 …… 55	☐ 簡 …… 69
☐ 雑 …… 15	☐ 導 …… 56	☐ 騒 …… 91
☐ 誌 …… 15	☐ 権 …… 60	**19画**
☐ 漁 …… 19	☐ 撃 …… 61	☐ 臓 …… 29
☐ 製 …… 19	☐ 察 …… 63	☐ 離 …… 43
☐ 態 …… 30	☐ 敷 …… 63	☐ 簿 …… 57
☐ 慣 …… 32	☐ 稼 …… 67	☐ 警 …… 59
☐ 適 …… 34	☐ 輩 …… 67	☐ 爆 …… 61
☐ 総 …… 34	☐ 鋭 …… 69	☐ 瀬 …… 75
☐ 増 …… 39	☐ 潔 …… 70	☐ 鏡 …… 84
☐ 際 …… 44	☐ 噴 …… 78	**20画**
☐ 誘 …… 45	☐ 誕 …… 85	☐ 競 …… 32
☐ 緒 …… 47	☐ 誰 …… 87	☐ 籍 …… 44
☐ 精 …… 47	☐ 徹 …… 91	☐ 響 …… 55
☐ 境 …… 54	☐ 敵 …… 95	☐ 護 …… 96
☐ 塾 …… 57	**16画**	
☐ 察 …… 59	☐ 整 …… 16	
☐ 暮 …… 64	☐ 輸 …… 19	
☐ 需 …… 67	☐ 融 …… 19	
☐ 僚 …… 67	☐ 濃 …… 24	
☐ 端 …… 68	☐ 薄 …… 24	
☐ 滴 …… 75	☐ 頼 …… 35	
☐ 銅 …… 76	☐ 壁 …… 62	
☐ 層 …… 77	☐ 隣 …… 63	
☐ 髪 …… 83	☐ 糖 …… 65	
☐ 僕 …… 87	☐ 縦 …… 68	
☐ 憎 …… 88	☐ 賢 …… 70	
☐ 誤 …… 89	☐ 壊 …… 78	
☐ 踊 …… 92	☐ 激 …… 79	
☐ 像 …… 92	☐ 憶 …… 91	
☐ 罰 …… 93	☐ 衛 …… 96	
☐ 閣 …… 94		

語彙チェックリスト

あ

- 相変わらず ………… 180
- 相手 ………………… 184
- アイデア …………… 220
- あいにく …………… 180
- あいまい …………… 160
- ～合う ……………… 276
- ～上がる …………… 276
- 明らか ……………… 152
- あきらめる ………… 104
- 飽きる ……………… 104
- あきれる …………… 104
- あくび ……………… 196
- ～上げる …………… 276
- あこがれる ………… 104
- 味わう ……………… 124
- 汗 …………………… 196
- 当たる ……………… 112
- 扱う ………………… 132
- 厚かましい ………… 144
- あてはまる ………… 112
- 甘やかす …………… 104
- 怪しい ……………… 148
- あらすじ …………… 204
- あるいは …………… 208
- ～合わせる ………… 276
- 慌ただしい ………… 148
- 暗記 ………………… 242
- アンテナ …………… 216

い

- 意外 ………………… 160
- 意義 ………………… 224
- いきいき …………… 176
- 勢い ………………… 192
- いきなり …………… 164
- 意思・意志 ………… 224
- 意識 ………………… 224
- 意地悪 ……………… 144
- いずれ ……………… 164
- 偉大 ………………… 152
- いたずら …………… 184
- いちいち …………… 177
- 一応 ………………… 226
- 一時 ………………… 174
- 一段と ……………… 174
- 一斉に ……………… 174
- 一層 ………………… 174
- いったん …………… 174
- いつのまにか ……… 164
- 命 …………………… 196
- いまにも …………… 164
- イメージ …………… 220
- いよいよ …………… 177
- 依頼 ………………… 184
- いらいら …………… 176
- いわば ……………… 208
- 引退 ………………… 225
- インタビュー ……… 212
- 引用 ………………… 225
- 引力 ………………… 225

う

- うがい ……………… 196
- 受け～ ……………… 272
- 失う ………………… 132
- 疑う ………………… 105
- 打ち合わせ ………… 184
- 宇宙 ………………… 192
- うっかり …………… 168
- 移る ………………… 112
- うなずく …………… 124
- 有無 ………………… 192
- 埋める ……………… 132
- 敬う ………………… 105
- うらむ ……………… 105
- うらやましい ……… 156
- うろうろ …………… 176
- うわさ ……………… 184

え

- 影響 ………………… 192
- 描く ………………… 132
- エチケット ………… 216
- エネルギー ………… 220
- 延期 ………………… 240
- エンジン …………… 220

お

- 追い～ ……………… 272
- 応援 ………………… 226
- 応接 ………………… 226
- 応対 ………………… 226
- 応用 ………………… 226
- 覆う ………………… 132

- □ オーケストラ ……………… 220
- □ おおざっぱ ………………… 144
- □ 幼い ………………………… 148
- □ 惜しい ……………………… 156
- □ お辞儀 ……………………… 185
- □ おしゃべり ………………… 185
- □ おしゃれ …………………… 152
- □ 恐らく ……………………… 180
- □ 恐ろしい …………………… 156
- □ 教わる ……………………… 133
- □ お互い ……………………… 185
- □ 穏やか ……………………… 160
- □ 落ち〜 ……………………… 272
- □ おとなしい ………………… 144
- □ オフィス …………………… 212
- □ 思いがけない ……………… 156
- □ おもいきり／おもいっきり … 170
- □ 思い込む …………………… 105
- □ 思い付く …………………… 105
- □ 思い出 ……………………… 200
- □ 思わず ……………………… 180

か

- □ 〜化 ………………………… 268
- □ 解決 ………………………… 232
- □ 解散 ………………………… 232
- □ 解釈 ………………………… 232
- □ 快適 ………………………… 252
- □ 〜返す ……………………… 276
- □ 〜かえる／換える／替える … 277
- □ 抱える ……………………… 106
- □ 価格 ………………………… 230
- □ 輝く ………………………… 112
- □ 〜掛かる …………………… 277
- □ 限り ………………………… 204
- □ かく ………………………… 124
- □ 各〜 ………………………… 264
- □ かぐ ………………………… 124
- □ 覚悟 ………………………… 200
- □ 確実 ………………………… 233
- □ 確認 ………………………… 233
- □ 確率 ………………………… 233
- □ 隠れる ……………………… 112
- □ 〜掛ける …………………… 277
- □ 欠ける ……………………… 113
- □ 加減 ………………………… 228
- □ 過去 ………………………… 229
- □ 重なる ……………………… 113

- □ 賢い ………………………… 148
- □ 過失 ………………………… 229
- □ 加速 ………………………… 228
- □ 固まる ……………………… 113
- □ 傾く ………………………… 113
- □ 語る ………………………… 124
- □ 価値 ………………………… 230
- □ 活気 ………………………… 234
- □ 活字 ………………………… 234
- □ 活動 ………………………… 234
- □ 活躍 ………………………… 234
- □ 活用 ………………………… 234
- □ 過程 ………………………… 229
- □ 必ずしも …………………… 180
- □ 我慢 ………………………… 200
- □ かゆい ……………………… 156
- □ からかう …………………… 133
- □ 空っぽ ……………………… 188
- □ 枯れる／かれる …………… 113
- □ カロリー …………………… 216
- □ かわいがる ………………… 106
- □ かわいそう ………………… 160
- □ 〜感 ………………………… 268
- □ 〜観 ………………………… 268
- □ 勘 …………………………… 200
- □ 感覚 ………………………… 237
- □ 間隔 ………………………… 236
- □ 換気 ………………………… 241
- □ 観客 ………………………… 238
- □ 観光 ………………………… 238
- □ 観察 ………………………… 238
- □ 感謝 ………………………… 237
- □ 感情 ………………………… 237
- □ 完成 ………………………… 246
- □ 間接 ………………………… 236
- □ 感想 ………………………… 237
- □ 観測 ………………………… 238
- □ 感動 ………………………… 237
- □ 観念 ………………………… 238

き

- □ 〜期 ………………………… 268
- □ 気圧 ………………………… 241
- □ 記憶 ………………………… 242
- □ 期間 ………………………… 240
- □ 効く ………………………… 114
- □ 期限 ………………………… 240
- □ 気候 ………………………… 241

- 記号 … 242
- 刻む … 125
- 記事 … 242
- 傷 … 196
- 期待 … 240
- きちんと … 172
- きつい … 157
- きっかけ … 192
- 気付く … 106
- ぎっしり … 168
- 気に入る … 106
- 気の毒 … 160
- 奇妙 … 152
- 逆 … 188
- キャンパス … 212
- 急激 … 152
- 器用 … 261
- 恐縮 … 200
- 気楽 … 161
- 〜切る … 277

く
- 空想 … 248
- クーラー … 216
- 腐る … 114
- 崩れる … 114
- 癖 … 197
- くだらない … 114
- ぐっすり … 168
- くっつく … 114
- くどい … 157
- 配る … 133
- 工夫 … 193
- 組み合わせ … 204
- 組み立てる … 133
- 悔しい … 157
- 暮らし … 204
- クリーニング … 216
- 狂う … 116
- 詳しい … 148

け
- 敬意 … 224
- 景気 … 241
- 継続 … 249
- 〜消す … 280
- 削る … 125
- 気配 … 253
- ける … 125
- 険しい … 149
- 見解 … 232
- 現実 … 244
- 厳重 … 245
- 見当 … 201
- 検討 … 201
- 現に … 208

こ
- 高〜 … 264
- 強引 … 225
- 高価 … 230
- 豪華 … 153
- 広告 … 188
- 交差点 … 188
- 口実 … 244
- 構成 … 246
- 交替・交代 … 204
- 公平 … 153
- 項目 … 258
- 越える/超える … 133
- 誤解 … 232
- こぐ … 134
- 焦げる … 116
- 凍える … 125
- 心当たり … 201
- 腰掛ける … 125
- 〜越す … 280
- こっそり … 168
- 異なる … 116
- 言葉づかい … 185
- 断る … 134
- 好み … 201
- 好む … 106
- こぼれる … 116
- コミュニケーション … 221
- 〜込む … 280
- 転がる … 116
- 転ぶ … 126
- コンセント … 217
- 困難 … 161

さ
- 再〜 … 264
- 最〜 … 264
- 叫ぶ … 126
- 避ける … 134

290

□ 誘う	134
□ さっさと	172
□ さっそく	164
□ ざっと	172
□ さっぱり	168
□ さて	208
□ 更に	208
□ サラリーマン	212
□ 騒がしい	149
□ さわやか	161
□ 参加	228
□ 賛成	246

し

□ 仕上がる	117
□ 幸せ	161
□ しかも	209
□ しきりに	165
□ 静まる	117
□ 沈む	117
□ 思想	248
□ 従う	134
□ したがって	209
□ 親しい	149
□ 実験	244
□ 実現	244
□ しつこい	157
□ 実施	244
□ 支配	253
□ 支払う	136
□ 自慢	201
□ 示す	136
□ 〜者	268
□ しゃがむ	126
□ しゃべる	126
□ 〜手	269
□ 重視	245
□ 重体	245
□ 重役	260
□ 重要	245
□ 寿命	197
□ 主役	260
□ 主要	262
□ 需要	262
□ 瞬間	236
□ 諸〜	264
□ 助〜	265
□ 障害	205

□ しょうがない	157
□ 消極的	153
□ 正直	144
□ 症状	197
□ 上達	250
□ 上品	161
□ 証明	256
□ 省略	205
□ 徐々に	165
□ 知り合い	185
□ 素人	205
□ しわ	197
□ 深刻	153
□ 信じる	108
□ 慎重	245
□ 心配	253
□ 進歩	193
□ 信用	261
□ 神話	193

す

□ 図々しい	145
□ 姿	197
□ 隙間	236
□ 救う	136
□ 優れる	117
□ スケジュール	212
□ 過ごす	136
□ 勧める	108
□ スタイル	221
□ すっきり	169
□ 酸っぱい	149
□ 素敵	162
□ 既に	165
□ すなわち	209
□ スピーチ	213
□ 住まい	188
□ スライド	213
□ ずるい	145
□ すれ違う	136
□ ずれる	117

せ

□ 〜性	269
□ 正確	233
□ 税金	189
□ 清潔	162
□ 制限	205

- □ 成功 …………………………… 246
- □ ぜいたく ……………………… 153
- □ 成長／生長 …………………… 246
- □ せき …………………………… 198
- □ 責任 …………………………… 202
- □ せっかく ……………………… 181
- □ 積極的 ………………………… 154
- □ せっせと ……………………… 172
- □ 接続 …………………………… 249
- □ 迫る …………………………… 118
- □ ゼミ …………………………… 213
- □ せめて ………………………… 181

そ

- □ 騒音 …………………………… 189
- □ 増加 …………………………… 228
- □ 想像 …………………………… 248
- □ 騒々しい ……………………… 149
- □ 相続 …………………………… 249
- □ 続々 …………………………… 178
- □ 速達 …………………………… 250
- □ 祖先 …………………………… 205
- □ そそっかしい ………………… 145
- □ 育つ …………………………… 118
- □ そっくり ……………………… 169
- □ そっと ………………………… 172
- □ 備える ………………………… 137
- □ そのうち ……………………… 165
- □ ソファー ……………………… 217
- □ そろう ………………………… 118

た

- □ 退屈 …………………………… 162
- □ 態度 …………………………… 186
- □ 絶えず ………………………… 165
- □ タオル ………………………… 217
- □ 倒れる ………………………… 118
- □ 抱く …………………………… 126
- □ たしか ………………………… 181
- □ 確かめる ……………………… 137
- □ ～出す ………………………… 280
- □ 戦う …………………………… 137
- □ たたく ………………………… 128
- □ ただし ………………………… 209
- □ 立場 …………………………… 193
- □ たちまち ……………………… 166
- □ ～立つ ………………………… 280
- □ 達成 …………………………… 250
- □ たっぷり ……………………… 169
- □ 頼もしい ……………………… 158
- □ だます ………………………… 137
- □ たまたま ……………………… 178
- □ 黙る …………………………… 128
- □ 試す …………………………… 137
- □ ためらう ……………………… 108
- □ 頼る …………………………… 108
- □ だらしない …………………… 145

ち

- □ 誓う …………………………… 108
- □ 近付く ………………………… 138
- □ ちゃんと ……………………… 173
- □ 注目 …………………………… 258
- □ 超過 …………………………… 229

つ

- □ つい …………………………… 181
- □ 追加 …………………………… 228
- □ ついに ………………………… 166
- □ 通過 …………………………… 229
- □ 通じる ………………………… 138
- □ 捕まる ………………………… 138
- □ 付き合い ……………………… 186
- □ 付き合う ……………………… 138
- □ ～付く／着く ………………… 281
- □ ～つける／付ける …………… 281
- □ 伝わる ………………………… 138
- □ つながり ……………………… 186
- □ つぶれる ……………………… 118
- □ つまり ………………………… 209
- □ ～づらい ……………………… 270

て

- □ ～手 …………………………… 269
- □ 低～ …………………………… 265
- □ テーマ ………………………… 213
- □ ～的 …………………………… 270
- □ 敵 ……………………………… 202
- □ 的確／適確 …………………… 233
- □ 出来事 ………………………… 189
- □ 適切 …………………………… 252
- □ 適度 …………………………… 252
- □ 適当 …………………………… 252
- □ 適用 …………………………… 252
- □ でたらめ ……………………… 162
- □ 手続き ………………………… 189

と	
□ デモ	217
□ 伝記	242

と	
□ どうせ	181
□ 透明	256
□ 通り〜	272
□ 解く	140
□ 得意	224
□ ところが	210
□ ところで	210
□ 年寄り	206
□ とっくに	166
□ どっと	173
□ 届く	120
□ 怒鳴る	128
□ とにかく	182
□ 飛び〜	272
□ 取り〜	273
□ とんでもない	158

な	
□ なお	210
□ 〜直す	281
□ 中身	189
□ 眺める	128
□ 慰める	109
□ なぐる	128
□ なぜなら（ば）	210
□ なぞ	206
□ 懐かしい	158
□ 斜め	190
□ 生意気	145
□ 怠ける	140
□ 涙	198
□ 悩む	109

に	
□ 似合う	120
□ 考える	120
□ 握る	129
□ 〜にくい	270
□ 憎い	158
□ にこにこ	176
□ にっこり	169
□ 鈍い	150
□ にらむ	129
□ 人気	241

ぬ	
□ 抜く	140
□ ぬれる	120

ね	
□ ねらう	140

の	
□ 能力	194
□ 除く	140
□ 望む	109
□ のろい	150
□ のろのろ	176
□ のんき	146
□ のんびり	170

は	
□ 配達	250
□ 発達	250
□ 配布	253
□ 吐き気	198
□ はきはき	177
□ 挟む	129
□ パターン	217
□ 果たして	182
□ 発揮	254
□ 発見	254
□ ばったり	169
□ 発展	254
□ 発売	254
□ 発表	254
□ 発明	256
□ 省く	141
□ 流行る	120
□ バランス	221
□ 反〜	265

ひ	
□ 非〜	265
□ ぴかぴか	177
□ 引き〜	273
□ ビタミン	218
□ 引っ〜	273
□ ぴったり	170
□ 人込み	190
□ 独り言	186
□ ビニール	218

293

☐ ひねる	129
☐ 響く	121
☐ 秘密	202
☐ 費用	261
☐ 評価	230
☐ 表面	257
☐ 〜品	269

ふ

☐ 不〜	265
☐ ふく	129
☐ 含む	121
☐ 膨らむ	121
☐ 双子	206
☐ 負担	202
☐ 普段	206
☐ 物価	230
☐ ふと	173
☐ プラン	221
☐ 振り〜	273
☐ フリー	221
☐ プリント	213
☐ 古〜	266
☐ 震える	130
☐ プロ	214
☐ プログラム	222
☐ 雰囲気	193
☐ 文明	256

へ

☐ 平和	194
☐ 別々	178
☐ ベテラン	214

ほ

☐ 冒険	206
☐ 方面	257
☐ 誇り	202
☐ 骨	198
☐ 掘る	141
☐ ぼんやり	170

ま

☐ 真〜	266
☐ 任せる	109
☐ まごまご	177

☐ まさか	182
☐ まさに	182
☐ マスク	218
☐ 貧しい	150
☐ ますます	178
☐ 学ぶ	141
☐ 招く	141
☐ 真似る	141
☐ まぶしい	150
☐ 間もなく	166
☐ 守る	109
☐ 迷う	110
☐ まるで	182
☐ 〜回る	281
☐ 回る	130
☐ 満員	190

み

☐ 〜み	269
☐ 未〜	266
☐ 見送る	142
☐ ミス	214
☐ 認める	110
☐ 民間	236

む

☐ 無〜	266
☐ 蒸し暑い	158
☐ むしろ	210

め

☐ 名〜	266
☐ 明確	256
☐ 恵まれる	121
☐ 目指す	110
☐ 目印	258
☐ 目立つ	121
☐ めちゃくちゃ	154
☐ めっきり	170
☐ めまい	198
☐ 目安	258
☐ 面積	257
☐ 面接	257
☐ 面倒	257

も

☐ 燃える	122

☐ 潜る	130
☐ 求める	110
☐ もともと	178
☐ 戻る	122
☐ 〜者	268

や

☐ やかましい	150
☐ 役者	260
☐ 役所	260
☐ 訳す	142
☐ 役立つ	122
☐ 役目	258
☐ 役割	260
☐ 〜やすい	270
☐ 厄介	154
☐ 雇う	142
☐ 破る	130

ゆ

☐ 唯一	194
☐ ユーモア	222
☐ 愉快	162
☐ 譲る	142
☐ 豊か	154
☐ 許す	110

よ

☐ 〜用	269
☐ 酔う	130
☐ 陽気	146
☐ 要求	262
☐ 要旨	262
☐ 用心	261
☐ 容積	190
☐ 要素	262
☐ 用途	261
☐ ようやく	166
☐ 欲張り	146
☐ 汚れる	122
☐ 予期	240
☐ 世の中	194
☐ 余裕	194

ら

☐ ラッシュアワー	214

り

☐ 利害	186
☐ リズム	222
☐ 理想	248
☐ 流行	190

れ

☐ レクリエーション	222
☐ レジャー	222
☐ レベル	214
☐ レンズ	218
☐ 連想	248
☐ 連続	249

ろ

☐ ロッカー	218
☐ 〜論	270
☐ 論じる	142

わ

☐ わがまま	146
☐ わざと	173
☐ わずか	154
☐ 割と・割に	173
☐ 割引	225
☐ 割れる	122

45日間で合格レベルへ！
日本語能力試験対策　N2 漢字・語彙
Kanji and Vocabulary for The Japanese Language Proficiency Test

2011年10月5日　第1刷発行
2025年7月5日　第11刷発行

著　者	遠藤由美子・遠藤ゆう子
発行者	前田俊秀
発行所	株式会社三修社
	〒150-0001　東京都渋谷区神宮前2-2-22
	TEL. 03-3405-4511　FAX. 03-3405-4522
	振替 00190-9-72758
	https://www.sanshusha.co.jp
	編集担当　藤谷寿子
編集協力	浅野未華
カバーデザイン	大郷有紀（株式会社ブレイン）
DTP	山口潤
印刷製本	倉敷印刷株式会社

© 2011 ARC Academy　Printed in Japan　ISBN978-4-384-05577-1 C2081

JCOPY 〈出版者著作権管理機構 委託出版物〉

本書の無断複製は著作権法上での例外を除き禁じられています。複製される場合は、そのつど事前に、出版者著作権管理機構（電話 03-5244-5088 FAX 03-5244-5089 e-mail: info@jcopy.or.jp）の許諾を得てください。